●广东省普通高校人文社科重点研究基地“粤西教师教育研究中心”资助项目
●广东省协同创新平台“粤台教师教育协同创新发展中心”资助项目
●教育部地方高校第一批本科专业综合改革试点“小学教育”资助项目
●广东省创新强校工程“地方高师院校教、研、创‘三力型’小学卓越教师培养模式的探索与实践”资助项目

学校细节管理的执行力

XUEXIAO XIJIE GUANLI DE ZHIXINGLI

丛书主编◎罗海鸥
林文明 王林发◎著

江苏凤凰教育出版社
Phoenix Education Publishing, Ltd

图书在版编目（CIP）数据

学校细节管理的执行力 / 林文明，王林发著.
—南京：江苏凤凰教育出版社，2016.7
ISBN 978-7-5499-5963-1

Ⅰ.①学…　Ⅱ.①林…　②王…　Ⅲ.①中小学
—校长—学校管理—研究　Ⅳ.①G637.1

中国版本图书馆 CIP 数据核字（2016）第 172640 号

书　　名　学校细节管理的执行力
作　　者　林文明　王林发
责任编辑　雷利军　刘艳春
出版发行　江苏凤凰教育出版社（南京市湖南路 1 号 A 楼　邮编 210009）
苏教网址　http：//www.1088.com.cn
照　　排　北京世纪鸿文制版技术有限公司
印　　刷　三河市九洲财鑫印刷有限公司
厂　　址　河北省三河市灵山大口
开　　本　787 毫米×1092 毫米　1/16
印　　张　11
字　　数　163 千字
版　　次　2017 年 6 月第 1 版　2017 年 6 月第 1 次印刷
书　　号　ISBN 978-7-5499-5963-1
定　　价　30.00 元
网店地址　http：//jsfhjycbs.tmall.com
邮购电话　025-85406265，85400774　短信　02585420909
E - mail　jsep@vip.163.com
盗版举报　025-83658579

前言

万言不如一行动

林文明，市名校长培养对象，历任教务处副主任、教导处主任及副校长、校长等职务，现任S中学校长，兼任全国育人用人专业委员会特约研究员、广东省语文学科教学研究员。曾主持“地方历史文化资源转化为德育资源研究——以雷州文化为考察视角”等课题的研究，发表教研论文、调查报告30多篇。他在学校的教育教学管理中，秉持“励志教育、彰显特色、健康成长”的办学理念，推行“一帮一”的“传帮带”措施，取得显著成效。

成就与荣誉

1992年从师范学校毕业后，林文明在一所企业子弟学校任教。在6年的执教生涯中，他教学业绩突出，从初出茅庐、毫无经验的新教师成长为经验丰富的优秀教育工作者，为社会培养了大批优秀人才。1998年他担任学校教导处副主任，2004年担任教导处主任，2007年担任副校长，2014年调到S中学任校长，从事教学和调查研究、管理工作，负责一些专题调研工作并主持一些重大课题研究，多次受到上级领导部门的表扬和奖励。2010年，他获得区“普教系统优秀教师”荣誉称号；2010年、2012年分别获得市、区“高考考务先进工作者”称号；2011年、2013年，获得区“优秀共产党员”称号；2011年，获得“‘千校扶千校’市先进个人”荣誉称号。由于教学和管理成绩显著，他还当选为“市首届名校长培养对象”。

为了进一步提高自身的专业素养，他积极深入教学前线钻研教学问题，积极撰写发表教育教学论文，2010年在《湛江教育》发表论文《小议高考作文之因材施教》《浅谈如何深化高中语文研究性学习课题研究》；2014 年 2 月在《湖南科技学院学报》发表论文《地方爱国主义历史文化资源转化为德育资源探析——以雷州半岛“反侵略”爱国主义历史文化资源为研究对象》。他还多次参与教学课题研究与策划，开辟教研新路子：2013 年 2 月，他参与了广东省教育科研“十二五”规划 2012 年度研究项目“地方历史文化资源转化为德育资源研究——以雷州文化等为考察视角”的研究工作，成为其中一个分支课题的负责人；2013 年 12 月，他参与了市中小学心理健康教育课题“提高中学生学习注意力的实践研究”的研究工作，是课题成员之一；2014 年 7 月，他所主持的“探究培养高中生积极心理特质的班级德育管理的有效策略”被列为全国教育科学“十二五”教育部规划课题、教育部中国教师发展基金会重点资助项目“校本科研引领和促进基础教育质量提升的研究”的子课题。他成为该子课题的负责人。

在担任校长期间，他努力向名校校长学习，学习他们的优秀管理方法，并结合本校实际情况，积极探索先进、科学的管理方法。他曾结合其他学校的教学管理经验与本校实际情况，创造性地开展课堂教学改革，在校内推行校本研究，开展“三个一”课堂教学活动，取得了很好的教学效果，深受大家的赞许和支持。他还实施教育人才培养工程，重视教师和领导层队伍建设，坚守“教育强区，关键在教师”的理念，狠抓教学改革和教学质量，创新教师培养机制，重视学校文化建设，率先在全市开展学习型、研究型教师队伍建设，建立教育现代化管理体系，提高治校能力，提升自己和教师的学习力、研究力、教学力、执行力、创新力，创建“先觉教育”模式和开展生态文明教育。

经历与奋斗

在林文明读书的时代，很多人倾向于读一些毕业后能当党政干部、技术员这类的专业，很少有人愿意报考师范学校，因为当时大家都知道教师的待遇并不好。然而，林文明义无反顾地报考了师范学校。这是林文明人生中格外重要的一次抉择。林文明为何把报考师范学校当作自己的志愿呢？那是因为他对教育满怀热爱之情，喜欢教师这一职业。

1987年，林文明如愿考上了师范学校，虽然是中专，但在当年能考上已属不易。对于一个生活条件艰苦的农家子弟来说，一纸录取通知书是对他勤奋好学的最大回报，是对他执着追求的最好回馈。在当时，出身贫困家庭的他，只想靠读书改变命运。曾几何时，无数个夜晚，万籁俱寂中林文明借着微弱的煤油灯光刻苦读书，紧张复习备考。煤油灯，照亮了他的人生路，也成了他那一代人一生中难以忘怀的印记。那时候，林文明一直保持着积极向上的心态，看了很多有关心理学的书，还积极竞选学生干部，有意识地在各方面提升自我。1990年，品学兼优的他被保送到师范学院中文系，两年后，他毅然放弃了留校工作的机会，义无反顾地坚持选择成为一名中学教育工作者。这是林文明人生中又一次格外重要的抉择。他忠诚于党的教育事业，热爱本职工作，凭借着积极的心态和负责的态度，一步一步从普通教师走到学校中层领导的位置，最终成了一校之长。

林文明热爱教育，敢于挑重担，并始终奋斗在教育第一线，无论是任副校长还是校长期间，他都一直坚持担任一个班的语文教学工作（每周5节课）。教学任务重，管理工作更重，但他从不叫苦，而是勤勤恳恳，任劳任怨。

既为人师，如何将学生引领到智慧的彼岸？林文明开始了最初的思考和探索。1992年，初出茅庐的他只是一个普普通通的教师，担任班主任工作。他一向认真做事，对学生也尽心尽责。为了亲近学生，林文明就开始琢磨学生的心理，了解他们的兴趣爱好。在操场上，经常可以看到他和班上的学生一起踢足球、做游戏。课堂上他是给学生传授知识的良师，课后他是与学生玩闹嬉戏的益友。心与心的交融，使他第一次体会到了当教师的幸福，这是人生的一大快乐，是其他任何行业的人都难以体会到的。正是这种独特的感受令他心醉。作为一名语文教师，林文明有扎实的专业功底，不但写下30余篇学术论文、随笔，还出版了《高中语文作文训练》等著作。他善于把实践与理论相结合，多次参加语文课堂教学比赛，并获得优异成绩，得到学生、家长及同事的认可。林文明在这份工作中找到了成就感，对职业发展也越来越有信心。不知不觉中，林文明对教育事业产生了一种割舍不下的情感，他热爱这份事业，渴望干出一番成绩。

林文明不仅是一位专业素质过硬的教育工作者，还是一位有原则、执行力强的教育管理者。林文明懂教育、懂管理、懂决策，在担任副校长期间，有效开展学生综合测评活动以促进学风建设，提升学生自我教育、自我管理的能力。他在短短数年间便收获了丰硕的成果：学校连续多年荣获“市高考先进单位”称号；近5年来，学校每年考上本科的人数都超过200人，本科升学率达到35%左右，实现学校“低进高出，高进高出”的目标。这些成绩的取得，都和林文明的努力分不开。

2014年，林文明调任S中学校长。在此期间，他实行制度化管理及分层负责制。首先，他建章立制，实施制度化管理，促进学校协调可持续发展。根据新的教育发展形势和普通高考改革的要求，结合学校的实际情况，逐渐完善并制订出一系列规章制度，如《中考、高考奖励方案》《学期教学工作评价方案》《常规教学管理方案》《教师培训方案》《年级评价方案》《学科组评价方案》《综合测评方案》等。在教学管理中，他着重培养教职工的制度意识，提高他们对规章制度的遵守意识，用制度来管理人，取得了很好的效果。其次，打造管理团队，加强执行力度。管理学校需要上下齐心、互相配合。林文明作为这个团队的“领头羊”，不可能一人承担所有工作，因此任务分工是很必要也很关键的。他实行分层负责制，重视发挥副校长、中层干部、年级组长、学科组长的作用。副校长按德育、教学、后勤三条线来开展管理工作，中层干部按《年级评价方案》《学科组评价方案》以及学期计划对各项工作进行检查，年级组长和学科组长按计划、组织统筹开展工作，如此一来就有力地提高了教师的积极性，推动了教学工作的有序、有效开展，学校教育质量也在逐年提高。

特色与追求

做事“三分靠战略，七分靠执行”。要完成一个计划，不仅要有好的计策，还要有较强的执行能力。校长的执行能力在学校发展中的作用是至关重要的，而林文明的执行力集中体现在其教育思想、办学理念上。换句话说，林文明作为校长的管理观、教育观、育人观、质量观、教学观和教师观等无不通过其执行力清楚地体现出来。

“事情越做越顺，路越走越宽”，这句话支撑着林文明从教师做到校长，对他的影响很大。不过这条路不是一条容易走的路，而是一条任重道远的路。管理者如果不能及时发现问题并找到解决问题的方法，就会导致团队内部人员做事散漫、效率低下等不良后果，极大地影响整个管理队伍的执行力。

林文明坚信只要用心工作，就能把工作做好。很多事情也许都是初次经历，没有经验可借鉴，但也一定要尽最大努力去做。林文明接任 S 中学校长后，很快就发现这所中学的生源质量非常不理想，与其他学校相比，显然处于劣势。这种情况一时难以改变，当务之急是为学校开辟一条可行的高考新路子。

重压之下，林文明没有退缩，反而以此勉励自我。几经考虑，他决定用错位竞争法打胜高考之战，并毅然决然地走上了在保证普通生发展的前提下加强对体育生、艺术生教育的探索和改革之路。在这个坎坷的历程中，他凭借着惊人的智慧和超强的执行力，攻克了一道道难关，做出了一个个重要决定。

与此同时，为了使师资队伍配置得更合理，林文明进行了大规模的人力资源整合，S 中学焕发出前所未有的生机和活力。办好事情，获得成功，需要有一个好的执行者。如果说，好的设想是成功的第一步，那么选择一个好的执行者就一定是很重要的第二步了。这就像一个拥有先进资源设备的运动场，如果没有好的运动员，再好的运动场也体现不出它的价值。在林文明担任校长后，S 中学的发展思路逐渐清晰起来，即大力发展体育、美术、音乐特色教育，发展学生特长，挖掘学生潜能，实行与其他学校的“错位竞争”。功夫不负有心人，学校篮球队连续 3 年荣获市青少年篮球锦标赛冠军；田径队连续 3 年荣获区中小学田径运动会冠军，并代表区里参加市协作杯田径运动会；近几年来，S 中学还向省队、国家队和大专院校输送了大批优秀体育人才。

他还坚持以励志教育为抓手，加强教室文化、校园文化建设，加强理想教育，强化学生的自我教育、自我管理能力，积极打造励志教育品牌；把德育与建设特色校园文化结合起来，积极创建励志特色文化校园，以环境熏陶人，以文化育人，使教育效果更为明显。

同时，他积极推行制度化管理、精细化管理、分层管理。根据学校实际，建设制度化教学管理体系，包括绩效工资改革、中考高考工作考核、教师学期工作评价考核、班主任每月工作评价、学生品德及学业成绩的综合测评制度、有效课堂教学改革等，较好地激发了师生的积极性，有效提高了学校的教育教学质量。

在这些有力措施的实施中，林文明在执行力方面有 3 个特点：其一是冷静沉着；其二是持之以恒；其三是不骄不躁。

培根曾说：“好的思想，尽管得到上帝的赞赏，然而若不付诸行动，无外乎痴人说梦。”很多事情在实施中都要讲究速度，注重实际行动。

林文明来 S 中学半年之后，决定做一件事情——建设校园文化。对此他采用了 3 个办法：第一个是喊出响亮口号；第二个是举行仪式；第三个是树立学习榜样。校园文化建设的核心内容是创建“励志园”，即通过雕刻古今中外的励志故事，展现榜样人物风采；在走廊和楼梯旁张贴励志名言警句，提醒学生好好学习。林文明希望这些能够内化成一种精神力量，对学生产生积极的影响。

林文明注重构建教育现代化管理体系，大力促进办学观念的转变，全面实行依法治校，规范办学，提升自己的治校管理能力。他还注重课堂教学改革，通过开展“有效课堂”“高效课堂”“先觉课堂”等系列活动，促使S中学的教育质量得以全面提升。

都说制度是执行的关键，林文明为了提高教师的积极性和执行力，制订了竞争机制和奖惩制度等。通过推行“竞争上岗”制度，激发教师队伍的活力，使教职工人尽其才；组建优秀教育团队，为学校发展培养出一大批的优秀人才。

林文明在数年来的教育管理生涯中所做出的重要决策都产生了一定的影响力，对学校的发展起到了很大的促进作用。在做这些重要决策的过程中，林文明遇到了很多困难和挫折，但是，他依靠高效的执行力，排除种种障碍，最终使自己在教育领域绽放出光彩。

如果说林文明的成功有什么秘诀，那么就是学习、思考和执行。林文明乐于学习，是一位学习型教师；善于思考，喜欢搞课题研究，是一位智慧型管理者；常常深入教育一线进行调研，以解决实际问题为己任，是一位务实型校长。这些优秀品质无疑是林文明的难能可贵之处，使他能够在纷繁复杂的事务中游刃有余，使他的执行能力不断得到提升，使他的事业发展得越来越辉煌。

目　录

第一章

掌控执行力的重要之道

不管是在生活、学习还是工作中，我们都需要有执行力。执行力是各种计划、方案落实的根本保证，具备这一能力对我们来说十分重要。当我们要完成某项任务时，如何发挥执行力的作用呢？

美国ABB公司董事长巴尼维克说："一位管理者的成功，5%在其所用战略，95%在于战略的高效执行。"我们能够解决复杂的问题、处理麻烦的事情，关键在于有很强的执行力。如何拥有高效的执行力？在这一个问题上，林文明就是那些想提高执行力的管理者的榜样。在事务繁杂、压力重重的教育管理工作中，林文明对执行力的掌控能力颇令人折服，而问题解决、事情处理的最终效果也体现出他非同一般的管理能力。

执行不是被动应付，而是主动负责。很多卓越的管理者之所以获得成功，是因为他们有高效的执行力。掌控执行力并不是一件简单的事情，如果掌控得好，那么事情处理的结果就会让人满意；如果掌控得不好，甚至掌控不了执行力，那么解决问题就会成为一句空话。

曾经看到过一个猫和老鼠的小故事。一只"真抓实干"的黑猫，每天都能捉10多只老鼠，让老鼠们吃尽了苦头。于是，老鼠们召开研讨会共商对付黑猫的办法。有的建议加紧研制毒药，有的说干脆一起扑上去把黑猫咬死。最后，还是老奸巨猾的鼠王提出了一个与众不同的想法："老鼠杀猫是不可能的，如果不能杀死它，就应设法躲避它。咱们挑选出一名勇士，偷偷地在猫的脖子上挂个铃铛，这样一来，只要猫一动就会有响声，大家就可以事先躲起来。"老鼠们公认这是一个很好的想法。但是怎样执行呢？给予执行者高额奖金、为其颁发荣誉证书等方法一个又一个地被提出来，但讨论来讨论去，老鼠们还是没有找到一个敢于执行这一决策的勇士。

这个故事告诉我们，有好的想法却不能执行，那好想法也只能是空想。那么，我们应该怎样掌控执行力呢？让我们一起来看看林文明的故事，以从中找到一些值得我们学习、借鉴的方法。

大家可能会觉得管理者很威风，其实他们往往要顶着很大的压力，要具备妥善处理各种事务的综合能力。管理一个企业是这样，管理一个学校也是如此。2014年，林文明到S中学担任校长。S中学的各种事务在此前很长一段时间内都由一位副校长暂时负责，他在学校干了20年，做起事来缺少激情，也比较随意。大家已习惯了他的作风，并没有觉得有什么不好。林文明初来乍到，努力让自己适应新环境，对学校的发展充满期待，也对新工作充满了激情。两位领导的管理风格不同，要形成默契，一时还比较困难。

2014年的夏天，校园里一如既往地酷热难耐，长长的林荫道里充斥着热闹的蝉鸣声，在这烈日下，蝉似乎也按捺不住烦躁的情绪，歇斯底里地鸣叫着。教学楼里传出一阵阵细碎杂乱的读书声，整个校园都显得有些躁动，甚至还弥漫着一种紧张的气息。这是怎么回事呢？原来当天早上学校收到通知，全市召开“创建卫生模范城市”动员大会，要求每个单位都要派人参加，不能缺席。不过，让林文明真正紧张的不是通知，而是附在通知后面的方案，其中与学校密切相关的有几条。

其一，公共场所卫生。

1. 各类公共场所要有健全的卫生管理制度和操作规程，室内外环境要保持整洁，清洗、消毒、通风等各项卫生措施要落实下去，各项卫生指标要达到国家有关标准要求。

2. 公共场所等环境要保持清洁，有排气通风装置，场内禁止吸烟（设有吸烟室），清洗消毒设施要符合卫生要求，公共用具消毒措施要落实。

……

其二，食品卫生。

……

3. 餐饮业应全面贯彻《餐饮业和集体用餐配送单位卫生规范》，实施食品卫生量化管理应达95%以上；机关、学校等单位食堂和建筑工地食堂的管理责任要落实并制度化。

4. 食品安全整治方案应得到落实；应制订重大食物中毒事故和食品安全事件应急预案，食品安全报告体系及制度要健全。

其三，传染病防治。

……

3. 计划免疫实行按周门诊制度，免疫接种要规范，安全注射率应达100%；儿童计划免疫单苗、六苗及乙肝疫苗全程接种率应达95%以上；

应有流动人口计划免疫管理办法，为居住期限3个月以上流动儿童建卡，建证率应达95%以上。

其四，病媒生物防制。

1. 通过综合防制，鼠、蚊、蝇、蟑螂密度得到有效控制，灭鼠、灭蝇、灭蚊三项指标应达到全国爱国卫生委员会规定的标准，蟑螂密度不超过国家标准的三倍。

其五，健康教育。

……

3. 配合宣传媒体开设健康教育栏目或专题节目，针对卫生防病工作和广大群众普遍关心的卫生热点问题，开展多种形式的卫生防病宣传和健康教育，对创建国家环保模范城市活动进行正确的舆论引导。

4. 认真贯彻落实市公共场所禁止吸烟管理规定，并依法开展控烟工作，公共场所应有禁止吸烟标志。

其六，社区和单位卫生。

1. 单位应有健全的卫生管理组织和管理制度，要积极组织职工搞好环境卫生和绿化、美化工作，定期开展健康教育和卫生评比活动。

……

除了上述要求，更让林文明担心的是下面的要求。

1. 加强对“创卫”工作的组织领导。

各单位要成立“创卫”工作领导机构，加强领导，把“创卫”工作列入重要的议事日程，领导要亲自挂帅，率先垂范。要根据市卫生局的实施方案，结合自身的实际情况，制订出本单位的具体“创卫”工作实施方案，精心组织实施，做到主要领导亲自抓，分管领导具体抓，职能科室配合抓，一级抓一级，层层抓落实；确保领导到位、认识到位、责任到位、措施到位；保证投入必要的人力、物力、财力，保证完成各项“创卫”工作任务。

2. 广泛深入开展“创卫”宣传活动。

各单位要认真做好宣传工作，把“创卫”宣传活动作为卫生工作中的一项重要任务来抓。要紧紧围绕“创建国家环保模范城市，建设美丽钢城”这一主题，通过墙报、板报、专栏布告、内部刊物等多种形式宣传“创卫”活动，同时要协调好新闻媒体，充分发挥新闻媒体在“创卫”中的宣传推动、监督和舆论导向作用，努力营造浓厚的“创卫”氛围，务必使“创卫”工作做到家喻户晓，深入人心，使广大职工都来关心、支持和积极参与“创卫”活动。

3. 实行“创卫”工作目标管理责任制。

“创卫”工作要坚持实行“块块负责，条条保证，条块结合，综合整治”的目标管理责任制。按照“谁主管、谁负责”的原则，各责任单位要明确各自“创卫”工作的责任、目标、要求。各单位的主要负责人为“创卫”工作的直接责任人，要切实负起责任。

4. 加强“创卫”工作的检查、督促。

各单位要认真履行工作职责，增强大局观念和责任意识，形成密切配合、步调一致、齐抓共管的“创卫”工作格局，建立有效的跟踪督查机制，定期组织阶段性检查，着力解决“创卫”工作中不落实、不作为的突出问题。将“创卫”工作中好的经验和做法及时推广和宣传，并通报表扬；对因领导不力、工作不扎实、进展缓慢而影响“创卫”大局的单位要在全市卫生系统通报批评，并追究单位主要领导和相关责任人的责任；同时把“创卫”任务完成情况作为各单位和领导干部年度考核的重要依据。

林文明看完方案后久久不语，他明白这种举全市之力搞的“创卫”意味着什么：任务艰巨，责任重大！林文明刚刚到任，很多情况还都不熟悉，于是就把“创卫”任务交给副校长负责。

副校长看了看通知，随即就把任务交给体卫处主任。检查日期渐近，但学校“创卫”工作还没有动静，林文明觉得很奇怪，找来副校长了解情况。副校长说已经交代给体卫处主任了，事情应该已有安排。林文明暗叫不妙，他马上把体卫处、总务处、政教处和团委的负责人全部找来开会，明确各个场所必须完成的任务，并让他们把工作进度直接向他汇报。但是，一切都来不及了，几天之后，市检查小组前来检查，对S中学进行了通报批评，并约谈了林文明。林文明很是不解，已经明确交代给相关负责人负责的“创卫”任务，为什么会没有下文了？是大家对这个任务不重视，还是任务安排得不明确？副校长说，他已经交代体卫处主任了；体卫处主任却说，学校没有明确交代他做什么，所以无法给其他部门的人安排相关任务。

通过这次事件，我们可以看到，职责如果不明确，任务就难以完成。没有清晰的工作任务，没有明确的责任权利，这就是执行的大忌——职责不明。那么，什么叫“职责不明”？在《人才资源开发》杂志上有篇名为《职务分析不明，岗位责权不清，某企业人力资源管理误区分析》的文章，里面讲了一个让人深受启发的故事。

大学刚毕业的小杨到一家生产汽车零配件的中型企业从事人力资源管理工作。在工作的过程中，他发现该公司的人力资源工作存在着一些弊端。比如，工作岗位职责和要求很不明确，没有详细的工作内容、工作说明和规范，也没有相应的成文的典章制度，员工们的职责几乎都是凭借他们自己的理解和仅有的自觉性来履行的。这样他们就经常以不知道或不明确自己的具体工作为由，出现人浮于事、互相纠缠扯皮的现象。

特别让他吃惊的是，有一次，他到车间去查看员工的工作情况时意外地发现，位于甲乙两个车间之间的通道里堆满了杂物和废品，很影响工作人员的行走，也有碍观瞻。但是他让甲车间的小王负责清理时，小王却声称那不是他们车间的事，不应该让他负责，他只管属于他们车间内部的卫生。他还说要清理也可以，但增加工作量就应该增加工资待遇。小杨听后很生气，但又觉得小王提出的似乎也有些道理。于是他就又到乙车间去了解情况，谁知乙车间的人却说那儿堆的东西几乎都是甲车间人丢的，应该由他们处理。这样“公说公有理，婆说婆有理”，结果甲、乙车间的员工互相推诿，垃圾一放就是两个星期，两个车间的员工竟然都熟视无睹。

此情此景，小杨看在眼里，急在心里，他意识到这件小事情反映了大问题，他还仔细观察了公司的许多其他部门，都存在着类似的问题。所以从整个公司来看，员工之间的工作关系比较混乱，责权划分不到位、不清晰。出了问题，大家互相推诿，有了好事，又争相邀功，因此公司的士气低落，效率低下。总之，该公司的人力资源管理还处在初级阶段。

从这个管理失败的案例中，我们可以找到问题的根源，那就是相关领导对“职务分析和岗位描述”这个重要环节没把握好，造成出现工作边界不清晰、责权不清、任务分配不明的现象。

所以，管理者要想提高管理效果，就必须先把定岗、定责、定考评的工作做在前面，并且务必严格地按照自己的管理思路贯彻下去、执行下去。

企业如此，学校也是这样。我们再回头分析一下：为什么副校长没有明确安排这一任务呢？他后来解释说有两个理由。

第一，他认为开设那些健康课程，不仅对学生影响不大，而且占用了学生学习主科的时间，不利于他们的升学考试。

第二，他已经将任务安排给体卫处主任，不管怎样，反正有人接下任务就行，况且市里也未必检查到自己的学校。因此，对这些任务，只要应付一下就行了。

学校由于没有达到要求而遭到上级严厉的批评，林文明也陷入困境。

多年的管理经验让林文明学到了一种处理事情的原则，是什么呢？就是事情一旦计划好，就要立即付诸实施。说得好不如做得好，计划只是一种设想，执行才能使其落实，两者之间存在着巨大的距离。所以，如果没有执行，再好的计划也是空中楼阁。有人会说，对待“创卫”这样的任务，即便不随意、不敷衍对待，也没必要把它当作工作的重心，毕竟学校的主要任务是提高教学质量。当时，很多教师就对林文明把这件事情复杂化很不理解，认为这样大张旗鼓地搞卫生增加了他们的工作负担。面对大家的不理解，林文明说：“一个学校，如果连上级下达的重要任务都不严肃对待、认真完成，你们觉得这个学校的发展会如何？连重要任务都不放在眼里，又何谈提高教学质量？身为一个领导，如果连分内的事情都搞不好，又怎么带好头，管理好一个学校?”既然事情已经发展到这个地步，那么只有亡羊补牢。林文明主持会议，对任务重新进行了安排，明确这次任务由体卫处具体负责，要求组织专门小组，列出任务清单，按期完成任务。

我们不难看出，林文明做事情很强调执行力，而且很有坚持性。其实，坚持性是执行力的重要因素，做一件事绝不能因为存在困难而退缩，也不能因为看轻某一件事情而敷衍了事，而是要意志坚定，目标明确清晰，无论如何都坚持下去。比如登山，一旦决定，就算是遭遇艰难险阻，也要一登到顶。这时，结果已经不是最重要的，最重要的是登山的决心和意志。所以，对于这次事件，林文明一再较真，他在乎的并不是上级领导的态度，而是整个团队做事的态度。

这次“创卫”失败说明，学校的职责分配不明确，大家的决心不坚定。同时让林文明明白了一个道理：要懂得慧眼识才，知人善用。

有人说，“创卫”是林文明担任S中学校长以来的第一个任务，应该亲自负责才对。如果完成得好，不仅能取得上级的信任，还能赢得下属的尊敬。现在出现这种情况，他不仅受到了上级领导的批评，还给下属留下“无能”的印象，实是欠妥。

那么，林文明该不该亲自出马负责“创卫”工作呢？很多职场上的人都希望得到上级的重视，甚至不放过任何一次表现自己的机会，林文明却干脆地把机会让给了别人，是他糊涂了吗？其实，林文明的做法不但没有欠妥之处，反而体现出他的非凡智慧。从执行力的角度来看，可以说林文明不但没有失误，反而很明智。为什么呢？我们分析一下执行力的内涵及其实行中的策略就明白了。

策略一　懂得执行力的一项意义

林文明初来乍到，他的处境到底是怎样的呢？我们可以用“临危受命”这个成语来形容。就如《前出师表》中所说“受任于败军之际，奉命于危难之间”。三国时期，蜀主刘备死后，昏庸无能的阿斗继位，他只知享乐，终日不理朝政。而诸葛亮为蜀联吴伐魏，积极准备北伐，在出征前夕给阿斗写《前出师表》述说自己在内忧外患之中临危受命的责任重大。为什么说林文明是临危受命呢？

S中学的生源比较差，在2011年的高考中，达到700分以上的只有七八个人，而要想考上本科院校，700分以上才有希望。大家都知道，在这种情况下学校要取得发展非常困难。但大家面对这个惨淡局面已经习以为常了，教学质量提高不了，也没人愿意改变。林文明到S中学后，经过充分调查研究，本着“特色发展，突出重围”的理念，决定把体育学科作为学校今后发展的重点。那么，发展体育学科这一战略要怎么去实现、落实呢？当时的情况是只有基本思路，没有具体行动，发展体育学科这一战略一直是个空谈。确定想法后，林文明义无反顾地担起了发展体育学科这个责任，毫无怨言。

以林文明的做事原则，这样做应该是有理由的。我们来看一下，他这样做的明智之处：发展体育学科，既对提高学校的升学率有帮助，也有助于学生得到全面发展，这也是新一轮课程改革的要求。从更深层次来看，如果林文明自己负责这件事并且成功完成，虽然这对他个人有很大的好处，人人都会称赞他是一个名副其实的校长，但是，这样一来，就不能让大家明白执行力的重要性，也不明白做事情该有执行力，既要认真地制订方案，又要脚踏实地地执行，不能只是口头说说，而不付诸行动。

林文明的言出必行让大家都意识到较强执行力的重要性。第一，较强的执行力是提高工作效率的一个保障，随着执行力的提升，学校的“造血功能”也在增强，大家能做到有令必行。第二，较强的执行力，有利于培养学校团队协作的能力。

这就是执行力的重要意义之一。

其实在教育管理中，很多时候都是由于缺乏执行力而造成事件的严重后果。举一个例子，一次，学校要接受创建均衡区的评估检查，学校得知检查的具体日期之后，安排了三次校园清洁任务，都由总务处主任负责。总务处主任对校园以及综合功能室、图书馆等处的清洁工作都做了详细的安排。但当林文明去检查时，发现无论是综合功能室还是图书馆都与之前一样，没多大改变，走廊及窗户上还有很多灰尘。为什么会出现这种情况呢？这就说明一些接受任务的人在执行力上出现了问题，只说不做。

这又直接说明了一个客观事实，不管在学校还是在公司里，执行力都特别重要。我们来分析一下，一个简单的清洁任务，而且安排了三次，最后的结果竟然只能用一个字形容：脏。检查结果肯定不尽如人意了。因此，这件事让林文明更坚定了执行力对于一个组织的发展来说是一个关键因素的观念。

什么叫执行力？请看下面一个刊载在《军工文化》2013 年第 11 期上的关于执行力的感人故事。

美国有位残疾退伍军人，当他回到家乡的时候，因为年龄比较大，所以想找一份工作变得非常不容易，很多单位都拒绝了他。但每一次遭拒后，他还是迈着坚定的步伐，继续寻找可能的机会。

这一次，他来到了美国最大的一家木材公司求职，通过几次面试，终于见到了公司总裁。他非常坚定地对这位总裁说：“总裁，我作为一名退伍军人，郑重地向您承诺，我会完成您交给我的任何任务，请您给我一次机会。”

总裁一看他的年龄，再看他这个样子，像开玩笑似的给了他一项任务。那是一项什么样的任务呢？

在一个周末的下午，总裁把这个退伍军人叫到自己的办公室，跟他说：“我现在要出去办一点事情，我的妹妹在犹他州结婚，我要去参加她的婚礼。麻烦你帮我买一件礼物。这件礼物是在一个礼品店里，那儿有一个非常漂亮的橱窗，橱窗里面有一只蓝色的花瓶。”他描述完之后，就把那个写有礼品店地址的卡片交给了退伍军人。那个退伍军人接到任务后，郑重地向总裁承诺：“我保证完成任务!”

退伍军人看看卡片的反面，有总裁所乘坐火车的各种信息，因为总裁对他说，买到这个花瓶之后，送到他所在的车厢就可以了。

退伍军人立即行动，他走了很长时间才找到那个地址。当找到地址的时候，他的大脑一片空白。因为这里根本没有总裁描述的那家礼品店，也没有那个漂亮的橱窗，更没有那只蓝色的花瓶。

如果是你，你会怎么做呢？你也许会向总裁这样说：“对不起，你给我的那个地址是错的，所以我没有办法拿到那只蓝色的花瓶。”但是，退伍军人没有这样去做，因为他向总裁承诺过：保证完成任务。

时间一分一秒地过去，退伍军人结合地图然后通过“扫街”的方法，在这个地址五条街外的地方，终于看到了总裁所描述的那家店。远远望去，就是那个漂亮的橱窗，他已经看到了那只蓝色的花瓶。他非常欣喜，但等他飞奔过去才看到店门已经上锁，这家商店已经提前关门。

如果是你，你会怎么办？你也许会说：“对不起，你给我的地址是错的，我好不容易找到，但人家已经关门。”但是，退伍军人没有这样做，因为他向总裁承诺过：保证完成任务。

这位军人费尽周折，终于找到这家店经理的电话。当他打电话过去说要买那只蓝色的花瓶后，对方说：“我在度假，不营业。”然后就把电话挂断了。

如果是你，你也许会说“对不起，人家不营业，我买不到”。退伍军人没有这样去做，因为他向总裁承诺过：保证完成任务。

这个时候，退伍军人意识到什么，他再一次拨通该店经理的电话，第一句话就说：“我以自己的性命和一个军人的名誉担保，我一定要拿到那只蓝色的花瓶，因为我向别人承诺过，这关系到一个军人的荣誉，请您帮帮我。”

那个人没有挂断他的电话，而是一直在听他讲。他讲述在战场上自己是如何负伤的，因为在战场上承诺战友，一定挽救战友的生命，一定要把战友背出战场，为此他身负重伤，留下残疾。

那个经理被他感动了，终于决定派一个人，给他打开商店的门，把这个蓝色的花瓶卖给他。

退伍军人拿到了蓝色的花瓶，他非常开心。但这个时候一看时间，总裁的火车已经开了。

如果是你，你会怎么办？你可能会找出一堆的理由向总裁解释：您给我的地址是错的，我好不容易找到，人家已经关门；我遭遇挫折、经历磨难，终于拿到了这只蓝色的花瓶，但您的火车已经开了。但是，退伍军人没有这么想，因为他向总裁承诺过：保证完成任务。

于是这位退伍军人给他过去的战友打电话，说他想租用一架私人飞机。最后，他终于找到了一位愿意把私人飞机租借给他的人，然后他驾飞机超过总裁乘坐的火车，到达了火车的下一站。当他气喘吁吁跑进站台的时候，总裁所坐的火车正好缓缓地停在站台。

他按照总裁告诉他的车厢号，走到那节车厢，看到总裁正安静地坐在那里。他把蓝色的花瓶小心翼翼地放到桌子上，然后说：“总裁，这就是您要的蓝色的花瓶，给您的妹妹问好，祝您旅途愉快！”然后转身就下车了。

新的一周开始了。上班的第一天，总裁就把退伍军人叫到自己的办公室，对他说：“谢谢你帮我买的礼物，我妹妹非常喜欢。你完成了任务，我向你表示感谢。其实，公司这几年一直在选一位经理人，想把他选派到远东地区工作，这是公司最重要的一个部门。但之前我们在挑选经理人的过程当中，始终不能够如愿以偿。现在我告诉你，那个人就是你了。”

什么叫执行力？有好的想法，并能立即付诸实施。

大家注意，在管理学中，执行力是个“黑洞”。管理人员往往知道如何制订策略，如何进行考核，如何做预算，可是对该如何执行，都束手无策。一个成功的组织里面，需要有很好的思想者，但仅仅有思想者并不够，还要有能做事的执行者。三流的点子加一流的执行力，永远比一流的点子加三流的执行力更容易取得成功。

做好决策已不易，贯彻下去更不易，执行时需要执行者有高尚的职业道德，有务实精神。一名教职员工要完成上级交付的任务就必须具备强有力的执行力。执行力要求教育工作者在学校工作中不但要讲政治，还要重行动；不但要讲原则，更要重结果。只有这样，才能保障学校在强有力的执行中实现既定目标。所以说，与决策相比，执行力更为重要。

执行箴言：三流的点子加一流的执行力，永远比一流的点子加三流的执行力更容易取得成功。

林文明清楚地认识到执行力的重要意义，在他的带领下学校得到了很好的发展。为了贯彻执行力，林文明注意到了执行力有两大天敌，并在提高执行力上使用了第二个策略，是什么样的策略呢?

策略二　消灭执行力的两大“天敌”

在受到上级的批评之后，林文明随即召开紧急会议传达上级指示精神。会议上除了对相关负责人员进行批评外，还对原来的工作进行了“收尾”：对没必要继续的工作立刻叫停，不再浪费人力物力；需要继续进行的工作，则改由骨干教师全权负责，再依照上级指示，对工作内容进行逐条梳理。与此同时，对教学质量下降、教师工作积极性不强以及执行力缺失等问题做了讨论。这次事件既让下属受到了深刻教育，也让林文明进行了深刻反思，决心找出导致学校管理出现问题的原因。

有人说，事情做得好与坏都和人的意愿有关，身为校长，利用校长权力强行给下属施加压力不就得了？林文明在这一点上非常清醒：如果这样做，不用担心没人服从，但是，如果管理真能以强势压人，为什么还有诸多问题出现呢？很明显，执行力还存在着两大天敌，一个是“不落实”，另一个是“无依据”。不落实指做事虽有周密、明确的计划，却没有人能去实施，从而达不到要求，即不能实现计划；无依据指在做事时没有把规则或者标准作为准绳，即做事没有根据。不落实与无依据就犹如执行力的两块绊脚石，它们往往无时不在，俨然就是破坏执行力的天敌。做事的时候，最怕执行者不去落实——这和执行者的态度和责任感相关，也与执行者的自作主张和领导分工不明确有关。这说明执行力“天敌”的存在有其客观性，也应成为学校管理中最重视的问题。逃避和不作为都无法使问题得到解决，要想顺利完成任务，我们唯一能做的就是灭掉“天敌”。

那么，当管理者遇到这两个“天敌”的时候该怎么去解决呢？在这里，我们可以针对“天敌”的特性来具体分析问题。管理者应转变这样一种思想：任务的执行就是自己简单地下达命令，剩下的由下属去做，管理者只要结果，执行细节问题是下属的事情。其实，管理者在制订计划之后，自己也需要参与到执行中去，并且根据执行情况做好随时调整计划的准备，这个执行理念就叫作“对症下药法”。用这种方法便可以对付执行力的两大“天敌”。管理者既要找出下属不落实的原因，以调整计划；又要做到抓下属落实中无依据的问题，保证计划和执行同步进行。在管理中，要端正下属的工作态度，通过监督和思想教育，营造良好的工作氛围，使他们对每一项工作都保持严谨的态度。另外，在下达任务的时候要做到明确而具体，使下属明白自己的任务到底有哪些。

这跟当下一些企业对员工使用手机的处理方式一样。当今社会，几乎人人都有手机，关于员工手机的管理问题，众口纷纭，莫衷一是。从生活实践来看，主要有三种管理方式：其一，因岗而定。对于特殊职业群体，如铁矿电工、司机、高空作业者等，由于从事的是特殊工作，工作性质决定了他们在工作中只要出现一个小小的失误，就极有可能导致安全事故。

而职工如果携带开启的手机，工作中一个突如其来的短信或电话都能造成重大的安全事故，因此这类人绝对不能在工作中使用手机。其二，因人而定。就手机本身而言，它是没有对或错的，对或错体现在它的持有者身上。对那些安全意识薄弱的人来说，就算把自己的手机锁在保险箱内，工作中也极有可能发生事故。因为他的心不在工作中，而是早已随手机放到了保险箱里。其三，因事而定。现在，手机已成为人们与家人、朋友、同事及时沟通的重要通信工具。手机管理只是个别单位消除安全隐患的一项措施，而不是由国家法律条文规定的。因此，单位内手机是否要统一管理应做到民主。所以，林文明选择"对症下药法"是可取的。

这次"创卫"工作失败后学校被上级严厉批评，并不是学校没有作为，相反，学校事先有所安排，但为什么结果十分糟糕呢？一言以蔽之：执行者不作为。这种不作为既是学生没有责任感，做事不认真；也是教师对上级指示不重视，阳奉阴违的结果。后来，针对这件事，林文明专门召开会议讨论具体解决方法：一是每个周末都安排行政人员值日；二是各班值日班主任都必须签到；三是值班行政人员要对卫生情况打分。自此以后，学校的卫生情况有了良好转变。所以，执行要做到有监督、有评估，面对问题要对症下药。

因此，当"创卫"工作出现失误后，林文明立刻召开会议商量对策，并指定总务处负责后继相关事宜的处理工作。林文明希望通过"定人定事"来解决责任不落实、落实中无依据这两个执行中的问题。所以说，林文明的做法是妥当的。

会后，林文明也进行了反省，检讨作为校长自己有哪些失职，他总结出自己存在出现问题时没检查督促、及时改进，导致工作失误并产生了不良的影响等问题。这也体现了林文明作为一位管理者该有的担当意识和勇于承认错误的好品质。

林文明在遇到问题时，首先不是逃避，而是站出来承担责任。懂得反思、承认错误，这是一种勇气。爱因斯坦说：一个人在科学探索的道路上，走过弯路，犯过错误，并不是坏事，更不是什么耻辱，要在实践中勇于承认和改正错误。一个优秀的管理者应该学会自省，“日日掸尘，天天洗脸”，方能使人信服。

执行箴言：一个人在科学探索的道路上，走过弯路，犯过错误，并不是坏事，更不是什么耻辱，要在实践中勇于承认和改正错误。

我们通过林文明的行为可以看出，他正是以“有落实”“有依据”灭掉了执行力的两大“天敌”。对于学习，我们有这样一种理解：学习过程是一个帮助你渐渐变为“标准人”的过程。什么叫“标准人”呢？所谓“标准人”，就是指有价值的人。人既是自我，又是对象；既是主体，又是客体。自我意识把自我与对象、主体与客体集于一身，融为一体。有价值的人绝非看重自己是不是一个优秀的、成功的人，而是不顾能否得到名利荣誉，先让自己的人生充实起来。赵尔巽主编的《清史稿》中有一句话：“立身制行，本诸一心，心正则为忠，为直，不正则为奸，为慝。”意思是说为人处世，思想端正不端正，让人有了有忠诚正直和奸狡邪恶的区别。人如果对自己没有正确的认识，做事不认真，终将一事无成。

赫尔岑说：“不是每一个人都要站在第一线上的，各人应该做自己分内的工作。”这就好比去排队买票，争先恐后只会破坏秩序，并不能加快自己的买票速度。越混乱，工作人员工作效率越差，从而拖延了工作时间，所以我们要做的就是平静，遵守秩序，等待工作人员把票递到手中。林文明没有急功近利，而是履行校长的责任，为了学校的长远发展，从整顿学校的工作作风入手，让学校慢慢步入发展的正确轨道。林文明从检讨“创卫”入手整顿校风，这是一个好的开端。

执行箴言：不是每一个人都要站在第一线上的，各人应该做自己分内的工作。

总的来说，林文明在解决“创卫”工作失误问题时，用了两个重要的方法：第一，安排任务清晰明确；第二，做好监督落实工作。这些好的方法都是值得我们在管理中借鉴的。

做事情的过程就像孕育的过程。执行力强的人，在整个过程中会自发地尽职尽责完成每一项任务，并注重细节，做到认真、负责，能够投入全部精力并且坚持到底，能获得让人满意的结果。在执行任务的过程中，有些管理者感叹很难。其实，难或易的关键在于是否“落实”，落实中是否有“依据”。林文明妥善解决“创卫”事件，就是紧紧地抓住了这两点。接下来，林文明在管理中，在提高大家执行力方面，还有哪些策略呢？

策略三　运用执行力的三个原理

在“创卫”工作失误事件中，林文明的处理方法看起来很简单、很平常，但能在出现问题时有针对性地进行处理，使事情朝着正确的方向发展，这又很不容易。除了“有落实”“有依据”，林文明还有哪些提高执行力的策略呢？我们再来做一番详细的了解。

S中学的问题一直很多，师生的意见很大。比如学校环境，校园大部分是沙地，每每起风，整个校园便“红尘滚滚”；又如新办公楼，虽然从2007年就开始施工建设，但一直因种种原因未能完工也无法投入使用；再如，教师懈怠，无心教学；学生懈怠，学习积极性不高。面对这些问题，林文明一到任便绞尽脑汁地思考如何解决。

执行力不高，这是林文明到S中学后通过“创卫”工作对领导层中一些人的初步印象。事件追责后，相关负责人意识到自己的错误，但工作积极性还是不高。林文明整顿校风的目的还是没有达到。

林文明观察了一段时间，发现师生们还存在教无教态、学无学样的问题，这说明“追责”措施还未见成效。林文明相当苦恼。从管理手段来看，林文明做事虽然有自己的一套方法，但他工作中又过于严谨与认真。他的提升执行力的方法是不是真能行得通呢？

有句话说得好："新官上任三把火。"林文明一来到S中学就显现出他严谨、勤奋的作风，与一些人的懒散作风形成较大的反差。此前，大家基本没有工作压力，在工作时间点就上班，放学铃一响就回家。林文明这样要求无论大小事都要做到面面俱到、每件事都要落实的管理方式，使得大部分教职工工作量大大增加，一下子承受了诸多压力。面对突如其来的改变，许多教师难以接受，心中满是怨气。作为校长，林文明一开始就以雷厉风行的作风下达工作命令，没有顾及下属的感受，未给大家改变工作方式的缓冲时间，以至于在管理过程中遭遇诸多困难，许多事情无法按照自己的计划顺利实施。

俗话说，饭要一口一口地吃，事要一件一件地做。所谓执行力强并非是指做事情能一步登天，而是要按眼前实际一步步来，循序渐进。在进行改革的过程中，林文明一开始失败了，但是这并不能说林文明没有执行力，而是他未对眼前的状况考虑周详，在执行一些计划时暂时受挫。林文明的执行力能否在困难中得到锻炼？这取决于他对自身及学校实际情况的正确认识。

他知道，即便他初来乍到，没有群众基础，但凭能力依然能得到大家的认可。

下面我们一起来看一下，林文明究竟是如何锻炼自己的执行力的。林文明从"创卫"活动失败中吸取教训，在后来的整顿校风学风活动中，显得更加谨慎——执行者在执行中不能够再出纰漏，在选择执行者时必须慎重。因此，他对每个可列入考虑范围内的人选都进行了考察。这时，两位副校长被调任到其他学校任职，也就是说，从副手中选人来负责整顿校风学风活动的路子行不通了。林文明决定在中层干部中挑选合适的负责人。经过再三斟酌，林文明决定由教务处主任来负责。为什么会选择他呢？

经过考察，林文明认为他较为敬业，积极肯干，善协调，懂管理，在师生中有威信，大家对他的工作能力相当认可。选择这样的人来负责整顿校风学风活动更容易让人心服口服。教务处主任的能力让人肯定，选择他就排除了其他人的异议，这也体现了林文明作为“领头羊”的清醒头脑和高明决策能力。

我们发现，每个团队中总有一个核心角色，积极发挥着“领头羊”作用。正是林文明的引导，才使得学校的发展有了正确方向。学校的改革要想获得成功，需要有林文明这样一个优秀指挥官。如果说，好的工作设想是成功的第一步，那么选择一个好的执行者——事情由谁来负责，就是成功的第二步。这就好比一个完美的运动场设计方案，如果没有优秀的施工者，方案再好也体现不出它的价值。

执行力的原理一：一个团队想办好事情，获得成功，需要有一个优秀的指挥官。

有了指挥官，该如何开展工作呢？这就涉及执行力的第二个原理。林文明将整顿校风学风的任务交给教务处主任，并让他提前熟悉工作。学校作为一个集体，工作的开展不是某个人或某个小组的事情，而是需要大家的积极配合，积极参与，那么如何组织规划就显得非常重要。组织规划得好，才能调动大家的积极性，创设良好的工作氛围。在组织规划方面，林文明是怎么做的？

林文明要求教务处主任制订工作方案初稿，然后成立领导小组，由小组开会讨论工作方案初稿，经过反复研究、精细商讨，最终定下活动方案。为了之后工作能够较为稳妥地进行，林文明建议方案从早操、早读等小事入手。

我们可以看出，这里体现出林文明执行力的一个亮点——重视工作进行前的组织规划，即制订工作方案。组织规划是工作顺利进行的重要保障。

有了工作方案，工作思路清晰了，才能统筹规划整个活动，协调人力、财力，发动各方面的力量积极参与，汇成合力，形成一个完善的工作系统。

执行力的原理二：制订科学可行的工作方案。

单有工作方案还不行，还需要运用执行力的第三个原理来使工作进一步开展。第三个原理是什么呢？整顿校风学风活动是一项重大工作，需要全体教职工积极配合、积极参与。要充分调动大家的积极性，就必须有积极向上的氛围。在营造积极氛围方面，林文明是怎么做的呢？为了开展好整顿校风学风活动，他召开了一次全体教师大会，把活动内容向大家说明，并要求大家积极做好工作。为了全面开展工作，林文明决定从早操、早读入手做起。我们来看一下，林文明是怎么从这两个方面入手的。

第一，改变学生不愿做早操的习惯。以前，S 中学也有学生做早操的规定，但是每天出操的人数不多，即便出操，学生也是摆摆动作，做做样子，早操效果很差，有时根本无法进行下去，最后索性就取消了早操。从这里可以看出，学校对早操制度管理不严格，由着学生的性子胡来，导致的结果就是“乱”。没有良好的纪律观念，何谈学习自觉性？林文明果断采取措施，恢复早操制度，并指定由体卫处主任负责落实。现在，除了休息日，学生必须每天按时出操，并且必须排好队跑步进场，营造一种严肃而活泼的早操气氛。同时，林文明要求相关负责人制订严格的检查标准，由学生干部具体负责检查记录，相关教师认真督促，并根据检查结果及时给出反馈意见。这一招果然奏效，学生不敢马虎，教师不敢懒散，出操的积极氛围逐渐形成。

第二，重新安排早读跟班教师。以往除了班主任，其他教师不跟班指导早读，现在是不允许这种情况出现的。林文明强调不能把所有工作都压在班主任一人的身上，其他教师也要参与班级的建设。林文明指定由教务处一位副主任做出相应安排，要求每位教师都有早读指导值日任务。从此，学校一改以往早读课时班主任很累，其他教师袖手旁观的状况，学生早读的积极性也提高了。

执行力的原理三：营造积极的工作氛围。

林文明是一个善于吸取教训的人，从“创卫”的失误中，总结出一些经验，所以在整顿校风学风这件事上，他遵循着找一个好的“指挥官”、制订科学可行的方案、营造积极的氛围这三个原理来提高执行力。

在整顿校风学风活动中，林文明考虑周全并踏实走好每一步，使每一个环节之间都能达到无缝对接。因为林文明明白，一个活动的整个过程犹如一个产品的生产工序，只要有一个生产环节出现了问题，整个流水线就无法正常运行，出来的产品便为次品。林文明在“创卫”活动中失败，正是因为没有利用好执行力的这三个原理。

回顾上次的失败，首先，林文明把任务交给了下属，但初来乍到的他对同事们的作风缺乏了解，也不晓得他们的工作态度和能力到底如何，就一股脑地把任务交代下去，导致了“创卫”工作失误。也就是说，他从一开始挑选“指挥官”时就出现了失误；其次，他并没过问工作进行得怎样，没有制订明确具体的工作方案，工作安排缺少具体实施的步骤；最后，当时整个学校的教风、学风都不好，师生教与学的积极性不高，他也没有考虑到这种师生积极性不高对开展各项活动产生的影响。因此，要提高执行力，就得认识执行力的三个原理。

不论是比赛还是游戏，很多时候都需要团队合作，成员要达成共识，有共同的目标，有坚决的执行力，避免整个团队缺乏凝聚力，成为一盘散沙。

这三个原理恰好是凝聚力形成的保障。

首先，一个团队里总得有一个“领头羊”。“领头羊”即团队的灵魂人物，要起到组织、统率、协调的作用，因此这个人必须是为大家认可的、有较好的组织能力和责任心的人，要能在执行任务中胜任好的“指挥官”这一角色。

其次，团队想要获得最终胜利，切实可行的实施方案不能少。胜利不会从天而降，需要团队事前制订切实可行的方案，让所有成员在行动中有据可依，每个人在任务的完成过程里分工明确，谁是“前锋”，谁是“后卫”，按分工各行其是，避免乱成一团。

最后，一个团队中成员的心态很重要，如果大家都抱着消极的心态去完成任务，那么自然不会全力以赴，甚至会出现消极怠工的情况，其后果可想而知。因此，让团队成员形成积极的心态也是很重要的。

所以，若要圆满完成一项工作，就要提高执行力，要先认识执行力的三个原理。林文明正是认识到执行力的原理，选择好“指挥官”，制订出详细、可行的工作方案，调整大家的心态，营造积极的氛围，才使整顿校风学风活动获得成功。

虽然林文明刚上任便因工作失误受到上级的批评，影响了学校的声誉，但是，这个教训还是有价值的，正因为有了这次教训，才使他在日后的管理工作中不断发现问题、解决问题，从而提高了自己的执行力。

我们说，工作过程其实就是一个考验人的能力的过程，成败的关键在于他是否掌握了执行力之道。

最初，林文明处在一个陌生环境中，面对的是一群陌生的同事，但他通过选择“指挥官”、明确工作方案、营造好氛围终于初步安定局面。但是，他不能有丝毫松懈，还要继续担起发展学校的重任。

第二章

破解提升执行力的秘密

有一些团队经常会因为团队中某些人能力不够、态度消极、意志消沉而影响到整个团队的士气。这种消极情绪会传染给他人，队伍中这样的人多了，就会导致团队执行力不强。作为管理者，如果不能及时发现问题并找到解决方法，整个团队就会出现人心涣散、做事效率低下等现象。那么，林文明在提升执行力方面究竟有哪些良策可供我们借鉴呢？

2014年，对林文明来说是特别有挑战性的一年。这年的初春，林文明被任命为S中学校长。可是，上任伊始，他就发现自己的管理观念与某些学校领导的管理观念有差别，而眼前的情况与之前他所在学校的情况也大不相同。S中学的管理相对而言比较松散，纪律方面基本靠师生的自觉，这是导致大家有些松懈的原因；而原来学校的领导班子成员之间比较团结，管理靠制度，大家都比较主动积极。林文明深深明白，管理团队如果消极散漫，不协作，学校的发展计划就难以实施——尤其是在一些人缺少改革进取精神，不求有功但求无过的状况下。

一天，教导处主任向林文明提了一些高中招生工作的意见，大意是说招生计划不宜做太多改变，应该遵循往年的做法。他的潜台词是说：你作为一个初来乍到的校长，不应该改变一贯的招生计划。如果一意孤行，就容易出乱子。

所谓的“往年的做法”主要是指特色招生这一块。以往学校的招生规模比较大，所招学生的起点较低，以至教学效果不明显，校风、学风建设也困难。这种做法美其名曰“让学校做大做强”，一些人也认为这样做能使学校被领导、群众认可。教导处主任也是这么认为的，所以提出按往年做法办的意见。很显然，对林文明来说这是一道两难选题，如果选择同意，不利于学校的长远发展；如果不同意，就有损“和谐”，领导班子内部将矛盾重重，很多事情难以开展。林文明左右为难，不过，他毕竟不是胆小怕事之辈，他最大的优点就是能在被动的情况下找到解决问题的方法。他对教导处主任的建议没有拒绝也没有答应，而是把接下来的工作重点放在了改变大家工作积极性不高上。

落实一项工作，如果管理系统完善，你虽能借风顺势，却不能体现出一个卓越管理者的本事；如果管理系统薄弱，你虽逆势而行，但如果在这种情况下还能稳步前进，那才叫本事。在这一点上，林文明确实值得我们敬佩。

其实，某些学校在管理上失败，就是因为进入了“破窗怪圈”。“破窗怪圈”的原理很简单，就是在团队管理中有一些人消极工作，而管理者没有去及时纠正，后来慢慢发展下去，就会导致整个团队成员的松懈，做事效率低下。心理研究早就发现，人一旦有了消极的情绪，就会行动散漫，停滞不前，执行能力也会明显下降。最常见有三种情况——

第一种情况是跟风。人在消极的状态下工作时，有很大的盲目性，根本不去关注目标和方向。所以此时管理者要帮这些成员端正态度，不让他们迷失自己。

第二种情况是麻木。人在麻木、没有思考欲望的情况下，容易忘掉原有的计划，失去方向感。所以，对于特别麻木的成员，管理者在其改变态度以前，不要让他执行任何任务。

第三种情况是忘乎所以。人在忘乎所以的情况下，容易得罪周围的人，并且特别容易被别人厌恶。所以，在改变“破窗怪圈”局面时，管理者对这类人也要慎用。

一个有智慧的管理者，一个有超强领导力的人，一定要学会排除不利因素，促使团队形成积极的工作氛围，积极提升成员的执行力。

面对大家态度消极、行动懈怠的情况，林文明坚持一种策略——保持自己积极的态度，事事亲力亲为。林文明通过这种策略来保证自己不受消极情绪的影响，我们管这种策略叫超越自我策略。在消极的工作环境中，如果人心团结不了，情绪调动不起来，管理者首先就要反思、批评、完善自己，以达到调整局面的目的，这种策略也叫自我控制情绪法。林文明实际上就是用自我控制情绪法来驱散团队的阴霾。

我们可以通过一个故事来解释自我控制情绪法。老牛在参加十二生肖排位的比赛中上了老鼠的当，十分生气，发誓要狠狠报复老鼠。老牛报复的第一招是“开门见山”。因为生气，老牛的头脑已经昏了，还没有见到老鼠就开口大骂；到了老鼠家，就用脚踢开老鼠的大门。老鼠见老牛气势汹汹，就控制住自己的情绪，静静地听着老牛大骂，老牛骂累了就离开了。

老牛很郁闷，决定采用第二招“人多势众”。老牛装扮成商贩的模样来卖食物，把老鼠引诱到自己的摊位前，然后调动自己的几位朋友一起前来叫骂。老鼠一时没有反应过来，不过还是没有反驳，只是控制着自己的怒气，静静地听着老牛们训骂，结果老牛们骂累了也慢慢停了。

第三次，老牛打算请别的动物来帮忙。他请来猫兄弟，并说起当年参加十二生肖大会的事，猫听了也很生气，急忙去找老鼠大骂。老鼠还是静静地关起门来，随猫怎么骂，自己控制好情绪不予回应。这一次，不仅猫骂累了，老牛也感到又累又疑惑：千里迢迢过来找老鼠算账，用了那么多招数，居然还是斗不过一只小老鼠！

故事中的老牛，用了很多种办法，貌似能有胜算；老鼠从头到尾只用一种策略，看起来很懦弱，但是这种办法简单有效，静下心来就能做到，利用外力微少，几乎是零成本，这种策略就叫自我控制情绪法。在恶劣的环境或不利于自己的氛围中，要想稳中求胜，就得控制好自己的情绪。如此一来，即便你身陷困境，看不清自己的目标，也会有一颗安稳的心指引着你，让你不致犯错。

林文明在每一次团队里消极情绪蔓延的时候都用这一招，而且每一次都管用。这就是林文明的睿智之处，不去想那些五花八门的招数，而是“一招制敌”。面对团队成员的懒散，林文明还是决定使用自我情绪控制法，不急不躁，让对方从自己这种不急躁的作风里有所感悟，从而让他们自觉、自动改正自己的错误行为。

不过，现在有一个新问题：虽然林文明没有被“破窗怪圈”局面所影响，但是学校的其他教职工受到影响了。林文明是可以继续使用自我情绪控制法，但是如果一直“不作为”，其他教职工会认为他也是消极的，从而都消极下去。这就容易对整个团队的执行力产生较大的负面影响，怎么办呢？

面对执行过程中的困难，员工常常找不到头绪，期待管理者尽快给予明确指示。如果管理者反应不及时，就会影响员工接下来的工作态度，这显然不利于执行力作用的发挥。在这样的境况下，林文明能够提高大家的执行力吗？

林文明在控制好自己情绪的同时，决定从管理系统、激励机制、校园文化和团队协作等方面入手，以保证成员执行时行之有效。

策略一　提升执行力的基础——管理系统

在团队执行力较弱的时候，领导者完善好管理系统是非常重要的。领导优化好管理系统，下属就会执行有度，从而能够更积极地完成任务。再回头说说林文明如何处理招生计划是否改变的事。当大家了解到校长对一些领导不改变原有招生计划的建议不置可否时，就觉得林文明不过如此，也不过是一个随波逐流、没有主见的人。其实，他们不知道林文明这样做是为了团结大家，为了保证大家能齐心协力地完成更重要的任务。

在行政会议上，林文明依然让大家讨论招生计划能否改变的问题。他表示：现在对于招生计划自己还是希望有所改变，不过先要与区招生办加强沟通，然后再决定。

林文明把这项工作交给教务处主任，由他与区招生办联系。教务处主任主动联系招生办领导，招生办领导赞同修改招生计划，并许可学校可以自主把握尺度。在得到多数人的同意后，学校最后基本按照修改后的招生计划进行招生工作。

按照林文明的意见修改的新的招生计划出台后，学校当年的招生质量大大提高，这让大家对林文明的看法有所改观。其实，林文明刚开始之所以对提出的建议不置可否，是因为不想与其他领导闹翻；同时，通过会议讨论又让广大教职工看到他改革的决心和信心。最后终于促进了大家思想的转变，加强了团队的执行力。

通过这件事我们可以看出，林文明在管理上煞费苦心，一方面实行民主集中讨论问题制度，团结管理层的成员，调动他们的积极性，转变他们的态度。另一方面又坚持对招生政策进行改革。在这些事情中，他传递了一个明确信号——要通过“规线、规层、规人”来提升执行力。在学校焕然一新的面貌下，为了进一步提升管理团队的执行力，林文明使用了第二个策略。

策略二 提升执行力的动力——激励机制

在应对教学奖励这个问题上，林文明采用了一个特别有意思的做法。S中学原先的教学奖励制度十分不完善，每个班级高考成绩达到哪个层次该用怎样的奖励办法没有明确的规定，往往很随意，因此引发了不少矛盾和冲突。林文明决定开会讨论如何解决这个令人头痛的问题。在会议上，他很轻松地跟大家拉家常，主要是聊大家最近的生活状况。林文明说："我们都是学校的骨干，但也不是缺了谁就不行了。各位有没有参加进修、培训活动的想法？学校将创造条件，让大家提高业务水平。"从这段话中，我们可以注意到，在与教学奖励有关的讨论会议上，林文明跟各位教职工没有谈奖金分配的问题，而是谈起了进修、培训，这是不是很奇怪？这相当于我们在某位著名作家的签名会上，请教作家如何写作，他却不跟你谈写作，而谈他如何锻炼身体。这属于所答非所问，听起来很好笑。

林文明为什么要谈进修、培训的事呢？有人说因为林文明的管理能力不强，所以想借这样的事来虚声张势。其实不然，林文明这样做自有他的道理，因为他发现大部分教师对教学奖励持无所谓的态度，这不是说明大家很大方，而是表明大家对学校很失望——可以说是极度失望，这是一个很严重的问题。如果大家对学校没有信心，对自己没有信心，对学生没有信心，无论出台什么样的奖励制度，都是没有意义的。林文明跟大家不谈奖金谈进修，这是另一种激励方式。

在重大革新之前，如果下属的态度消沉，此时就需要管理者制订激励机制。所谓激励机制，就是用一种规范化的、固定化的方法，把远大理想转化为具体的事实。给大家解释一下这里所说的激励机制。

企业在运用激励机制时常常会这样做：老板把年终发红包作为一种激励手段，红包大小由老板决定，对于数额，员工之间必须保密。使用这种激励手段的目的是让每个员工都因此感谢老板，好好干活。这样的激励机制相当于一种分配制度，是老板根据员工贡献或业绩来支付的一种报酬。员工会在不知不觉中以这种标准来评价自己的贡献或业绩，所以激励机制是影响一个团队执行效率、增强员工信心的重要渠道。①

《三国演义》中最特别的激励故事发生在濡须之战中。濡须一战，奋威将军周泰三番冲杀，救了孙权的性命。战斗结束后，孙权专门设宴款待他，并亲自把盏，抚摸着周泰的脊背，泪流满面地说了一些赞扬和抚慰的话，然后叫周泰解开衣服，让众将看他的满身伤痕。宴会结束后，孙权"以青罗伞赐之，令出入张盖，以为显耀"，可以说给了周泰隆重的表彰和极高的荣誉。这种激励使周泰在以后的战争中更加威猛、勇敢，为孙权打赢了许多战役。

高明的管理者都很善于对下属的功劳和成就给予肯定和认同，可以使下属继续在这样的激励下保持积极行为，提高执行效率。

在我们的日常生活中，也有很多非常有效的激励手段。比如，工人在工厂里每天都吃着一样的饭菜，到了节假日，管理者就会为大家加菜，可是大家都认为是要加班所以才加菜，这样一来大家并不能提高工作的积极性。聪明的管理者就想了一个办法：除了节假日，只要有空就亲自到食堂帮下属打饭。奇怪的是，吃完饭后，即便遇到加班，大家的积极性还是很高，没有埋怨之声。原来，聪明的管理者在每个人的碗底都放了一块扣肉，大家互相之间都不知道，都以为这是管理者对自己厚爱有加的体现。这就是激励的作用。建议管理者在平时的工作中，适当给予下属一些意想不到的奖励。不管是一句话，还是一个动作，都能激励他们工作的积极性。

另外，有一种特别不好的激励方式，就是不及时且不能满足被激励者需求的一种奖励。得到奖励本来是很开心的事情，可是如果管理者让它成为"空头支票"，并且对所有人的奖励都是千篇一律的，这样的激励不但提升不了员工的积极性，反而会降低员工的工作效率。无论何种组织内的

① 梁小民．激励机制中的二桃杀三士［J］．管理与财富，2005（6）：54－55.

管理都是一样的，都需要激励员工。管理者可以采用不同的激励方式，可以是物质或金钱的奖励，也可以是精神上的鼓励，但是要避免言而无信。激励永远是竞争和管理中重要的要素，没有这个要素管理常常会失败。

林文明实际上是在使用一种特别好的机制来激励大家。高考成绩公布之后，大家都会把注意力转移到教学奖励和自己付出的多少上，常常忘记总结失利教训，忘记为自身的提高而努力争取进修的机会。当然，一些有远见的教师也希望通过进修来提高自己，那么让他们有进修的机会就是一种很好的激励方式。用难得的进修机会作为“奖品”，大家受到的激励就更大，在思想上也会充满斗志，工作积极性提高，也就提高了执行力。日常管理中的激励机制实施中一般要有三个具体的原则和技巧。

第一个是被激励者要德才兼备。德和才二者不可偏废，否则这人不是庸才，就是劣才，对其培养的价值不大。

第二个是机会均等。要激励大家一起上进，不能让他们彼此之间有机会上的偏差。如果是奖励，就要落实到每一个真正优秀的人身上，不能因为对某些人不喜欢而剥夺他们受奖励的权利，否则员工的执行力会出现不均衡的情况，进而影响到整个团队的执行力。

第三个是“阶梯晋升”和“破格提拔”相结合。对一般的表现突出者采取“阶梯晋升”的方式，而对特别出色者则要采取“破格提拔”的方式。前一种方式是按部就班的，后一种则是不拘一格的，两者形成了常态奖励和非常态奖励手段的结合，更能激励他们上进。

针对自己提出的以给教师提供进修机会作为奖励手段的做法，林文明曾向大家解释：“我们原本的教学奖励存在很多矛盾，大家不满意以往的奖励方式，这次会议讨论以进修作为奖励，不再仅仅注重物质方面的奖励，而是侧重于提高大家的专业水平，这样一来更能激发大家的工作积极性。”对于这样的想法，不仅学校的领导们同意，教师们也很赞同。这一做法进一步深化，就完善了学校的管理系统。

林文明还用了第二个方法来激励教职员工。林文明来到S中学后，面临的第一个问题是如何对校级领导进行调整，各部门领导对此也持观望态度，可是他没有立即解决这个问题。学校一时之间人心惶惶，自然没有工作积极性可言，就只剩下林文明在打“一个人的战争”。林文明如果因此生气，向大家发火，那么学校的管理就会更加混乱，整个团队的执行力也会更加低下。林文明并没有那样做。在一些事情上，林文明不做过多的评论，而是每做一件事就先找下属沟通，倾听他们的意见，以此逐渐得到大家的认可。林文明主动和下属沟通，这个技巧叫作“和谐沟通激励执行”。当下属远离你，不愿与你沟通时，他们做事时的执行效率就会很差，学校的管理系统也会混乱。这个时候上级领导作为管理者要主动靠近他们，倾听他们的声音，收集他们的意见并落到实处。当大家感受到你的信任，受此激励，执行效率就会提高，管理系统也能因此得以优化。所以说，管理者要想提高整个团队的执行力，首先要做的就是对下属进行激励，以激励的手段把员工散漫、目空一切、眼高手低等有碍于执行的不利因素，一一调整过来。很多时候，优化管理系统不是单纯补充资源的问题，而在于激励是否产生了效果。有资源却没有去激励、鼓舞团队成员，那么做任何事都容易失败。

执行箴言：很多时候，优化管理系统不是单纯补充资源的问题，而在于激励是否产生了效果。有资源却没有去激励、鼓舞团队成员，那么做任何事都容易失败。

在优化了管理系统、激励了人心之后，为更好地提升大家的执行力，林文明又使用了第三种策略。

教育管理系统出现混乱的情况，除了激励力度不够的原因之外，也有很多时候是校园文化出现问题造成的。外在的管理制度是冰冷的，学校本身的恶劣文化氛围又不能让大家从思想层面提升认识，那出现执行散漫的情况也就不足为奇了。面对一些同事的挑战和不配合，还有校园文化建设不力的问题，他究竟想出什么策略来加以解决呢？

策略三 提升执行力的保证——校园文化

林文明到S中学担任校长大半年了，在这期间发现S中学的教职工以往都是干多干少差不多，优劣同吃“大锅饭”，从而导致他们在这种制度下对待工作没有多大积极性，还有个别教师在计划跳槽。林文明看到这些情况很是着急，就把修订教学奖励制度的任务交给了教务处主任。教务处主任却迟迟没有行动，其他几位副主任也不积极。这几位领导处于整个管理系统的核心地位，他们的态度对学校管理效果影响很大。

大家都采取观望的态度，看林文明怎么办：你要是能够把这种颓废风气扭转过来，我们就支持你；要是依然没有有效的方法扭转局面，那我们还是“做一天和尚撞一天钟”，得过且过。林文明刚刚上任就面临着如此严峻的考验，如果是一般人，也许会乱了阵脚，不过睿智的他对这种局面早就料想到了，所以十分沉着冷静。林文明采取的策略是建设校园文化，加强全校师生的思想建设。他使用的是较稳妥的方法，主要有三招。

第一招是提出响亮口号。提出响亮口号是加强思想建设的重要手段，响亮的口号可以鼓舞士气、激发斗志。林文明首先从毕业班入手，要求每个班都拟出属于自己班的口号，这口号要向外界传达一个信息：我们毕业班的学生虽然面临挑战，但是充满信心、沉着冷静。大家在这种力量的感召下，自然也就会充满干劲，朝着自己的目标前行。同时，教职工在班级口号的影响下大受鼓舞，也会慢慢转变自己的态度，工作起来也会充满干劲。

第二招是举行一些仪式。仪式是指典礼的秩序形式。注重仪式是古之已有的传统。《三国志·魏志·张既传》有“令既之武都”的说法，裴松之注引晋鱼豢《魏略》：“楚为人短小而大声，自为吏，初不朝觐，被诏登阶，不知仪式。”韩愈的《南海神庙碑》中说：“水陆之品，狼藉笾豆；荐裸兴俯，不中仪式。”林文明认为，校园文化建设是一件大事，它的启动应该举行一个仪式，以此不但可以宣示决心，还可振奋人心，为校园注入一股精神力量。于是，林文明举行了这样一项活动：全校师生参加升班旗仪式，然后以班级为单位在班旗上签名，接着让学生在操场上跑步，一边跑步一边高喊自己班级的口号。一时间整个校园口号声不断，气氛热烈，每个人的积极性都被激活；同时，教职工也因为班级拥有积极奋进的面貌而对自己的工作充满了信心。

第三招是发挥榜样的作用。以前本无意参与学校事务的教务处主任，正慢慢转变自己做事不积极的态度。他主动找林文明谈校园文化建设，并积极行动起来。他建议建设“励志园地”，在园地中的“励志墙”上雕刻古今中外的励志故事，这样可以通过榜样激励大家。林文明很赞赏教务处主任的建议，并受此启发在全校范围内搞起了“教室文化”建设，就是在教室外的走廊和楼梯等处张贴一些名言警句，让学生在潜移默化中接受教育。在这些励志文化设施的影响下，校园形成了一种内化的精神力量。这样一来，整个校园的精神面貌焕然一新，大家倍受鼓舞。林文明的这一策略取得了成功。对管理者而言，用权力迫使下属去执行任务是下等水平的管理；善用人才是中等水平的管理；用精神力量感召大家积极主动做事才是高等水平的管理。林文明就是靠在思想建设中形成的精神力量来促使整个学校的师生一起行动，使得所有人在各自的岗位上做起事来更加认真、主动。

执行箴言：用权力迫使下属去执行任务是下等水平的管理；善用人才是中等水平的管理；用精神力量感召大家积极主动做事才是高等水平的管理。

在校园文化建设方面取得成效，对管理团队也起到一种精神激励作用，使得人心得以凝聚。校园文化建设在一段时间的落实中，也大大强化了教师的执行力。在这之后，林文明又做了一件很重要的事情，就是加强团队协作。很多前任校长也曾为此努力过，可是最后还是没有取得令人满意的效果。而林文明这次成功了，同时还获得了教职工、学生和家长的信任。这归功于林文明的第四个策略。

策略四　提升执行力的支撑——团队协作

林文明在提高管理团队执行力的过程中不仅需要提升自己的领导能力，还需要获得成员的支持。团队是一个可以具有强大力量的集体，但是也有内部成员散漫、颓废、懈怠和充满矛盾的时候。在后一种不利状态下，首先要实现团队团结，才能发挥每一个成员在执行中的作用。

为此，林文明使用了两个方法，第一个是“敢于担当”。

关于林文明的“敢于担当”法，我们可以通过他在建设教学楼这件事中有所领略。教学楼建设在前任校长任职期间已经开展很久，但水电、防雷等后期工作还没有完成，一直到林文明上任时教学楼还没有投入使用，这大大影响了学校教学工作的正常进行。林文明决定跟建筑公司协调，逐步退还给他们押金，让他们尽快完成全部后期工作。有的领导提出了反对意见，认为如果建筑公司方面失信，学校的损失会更大。

我们来看，林文明是怎样看待退还建筑公司押金这件事的。林文明认为，这栋教学楼的工程费用已达500万元，而建筑押金才30万元。如果因为30万元押金而影响教学楼的后期建设，导致其无法使用，就相当于白白浪费了前期投入的500万元。正是因此，林文明才坚持自己的意见，与建筑公司签订协议，把押金分期退还给建筑公司。同时，要求建筑公司一定要按时完成剩余工程。最终，建筑公司也遵守承诺，把后期的水电、防雷等工作如期完成。尽管这个决定当时遭到了很多人反对，但林文明勇于承担责任与风险，并坚持自己的做法，最终使教学楼的全部建设工作得以完成。

外界有人评价林文明这种做法是孤注一掷。其实从管理学角度来分析，林文明这种方法叫作“敢于担当”。做出这样的决定需要承担风险，一方面要对事件进行准确判断，做到不鲁莽行事，另一方面要能顶着众人反对的压力，能考虑到最糟糕的后果，能承担责任。这样能给下属树立一个榜样，传递一种责任意识，提高执行效率，同时团结大家的力量，用一种认真、负责的态度处理麻烦的事。

在现实生活中，很多人对承担责任的行为进行了对比实验。心理学家约翰·巴利和比博·拉塔内就突发事件中人们的表现进行了如下的实验。他们让72名不知真相的参与者分别以一对一和四对一的方式，与一名假扮的癫痫病患者保持距离，并利用对讲机与外界通话。他们要研究的是在交谈过程中，当那个假病人大呼救命时，72名不知真相的参与者将做出怎样的选择。事后的统计显示出一组耐人寻味的数据：在一对一通话的那些组中，有85％的人选择向外界报告有人发病；而在四对一的那些组中，只有31％的人采取了向外界求助的行动。据此，两位心理学家对这种现象总结出了令人信服的解释，并将其概括为“旁观者效应”。所以对于一些具体任务，很多时候都要强调责任到人，不然对于很多人都可以完成的任务大家经常选择无视，不愿去承担责任。

教导处主任在之前执行任务的过程中出现纰漏，但是能及时承认错误，主动改正，林文明称赞他“居其位，安其职，尽其诚而不逾其度”。其实，教导处主任的行为就是敢于担当的体现，他的这种品质可以影响身边的人。历史上那些伟大的领导者都是敢于承担责任的人，同时也擅长教导下属敢于承担责任。一个人一旦敢于担当，就会加强团队的凝聚力。这就是责任到人的作用。真正好的团队，在他们的内部，每个人的责任意识都很强，对于任务敢于担当，即使集体利益与个人利益产生冲突，也会考虑牺牲自己的利益，一切为集体着想，这样就会提高团队的执行效率。

林文明就是用这种行为影响着下属，使他们也能敢于担当责任。当然，在要求他们承担责任时，也会考虑到不同人的承受能力。一旦出现内讧或者个别人认为自己的能力不足以承担责任，使团队面临人心涣散的时候，又如何让每位员工重新相信这个团队，并敢于去执行呢？面对这样的难题，更能体现出林文明的第二个管理策略的高明之处：面对外部猜疑、内部人心涣散、团队执行能力低下的情况，有一种很好的稳定人心的应对方法，那就是冷处理。

这一天，上级下达一个命令，把S中学作为创建教育均衡区的一个试点学校。学校十分看重这个任务，成立了一个专门领导小组，具体事务由教务处负责。大家认为，这么重要的任务怎能交给教务处，至少应该由分管副校长负责吧？很多教师听到这个安排，也认为林文明考虑得不周到，处理事情太过草率，如果出了问题，谁能代之受过？这种传言使大家开始怀疑林文明的决定是否正确。

大家想一下，林文明面对这种猜疑会采用什么样的办法来解决呢？打个比方，一个班的学生对老师安排给班干部的任务很是不满，觉得老师是偏心某些人，那么这个班集体就会处于人心涣散的状态。这时老师会用什么办法来解决呢？林文明的方法是不给予传言任何回应，一不恼羞成怒，二不手忙脚乱，三没有去打听到底是谁在质疑他。林文明只是默默听着，并叮嘱教导处主任继续执行任务，不要去管别人如何说。林文明采用冷处理的方法，对于教师的怨言，他有勇气承受；对于这项任务的成败后果，他也愿意承担。他将这一切都默默承担下来。

从林文明处变不惊的态度中我们可以看出，他有一个优点，就是心态很好，敢于承担责任。被下属猜疑，被下属不信任，他不去辩解，而是用行动来证明自己。“人淡如菊，心淡如水”，这样的心态使下属感受到了他的权威，也逐渐了解了他的能力与态度，从而愿意用一种新的态度来执行任务。再加上教务处在完成这一项任务时取得了巨大成功，大家也从原来的猜疑中慢慢地理解了林文明的苦心，看到了他用人的高明。我们管林文明的这种表现称为“冷处理应有大气魄”。面对团队一些人的猜疑，作为管理者要勇于顶住压力，让事实来说话。有些领导，面对质疑，自己就先动摇了，完全没有勇气去承担风险，或遇到猜疑、造谣时，就大发雷霆，最后使得团队更加涣散。而林文明勇于承担责任的这种品质值得我们敬佩。

执行箴言：冷处理应有大气魄，面对团队一些人的猜疑，作为管理者要勇于顶住压力，让事实来说话。

林文明不但心态好，而且敢做敢当，有勇有谋。管理学认为，当一个团队处于被质疑的境地时，需要一个人站出来担当责任。一个团队在执行任务的时候，经常会出现很多问题，但是大家一定要坚持集体利益至上的原则。我们应该明白自己是团队中的一分子，每决定一件事，都要考虑它是否会给团队带来风险。我们要用自己的勇气来肩负起责任，朝着目标努力前进。在这一点上，我们要学习林文明。

一个团队的执行力，常常受到团队内部个体的影响，成员间产生猜疑、出现内讧是很正常的事。有的管理者能够冷静对待，并努力担当其中的责任；有的管理者会自乱阵脚，无力承担其后果。如果管理者无力承担团队运行中的一些风险，就会导致这个团队的执行力得不到保障。那么，我们怎样做才能在稳住自己的同时有勇气去承担责任呢？在这一点上，林文明就处理得很好。在团队出现内讧、大家相互猜疑的时候，他依然能够冷静处理，坚持自己的原则，并勇敢地承担责任。那么，他究竟是凭借什么做到这一点的呢？

我们先给大家讲一则寓言。三只猴子叠罗汉翻高墙，一不小心倒了，乱成一团，然后他们就互相责备。最上面的猴子说："中间的猴子抖了一下，我才歪了。"中间的猴子说："下面的那位抽搐了一下，我才抖的。"最下面的猴子说："我好像听见老虎的声音，所以抽搐了一下。"各有各的说辞，各有各的借口。三只猴子最后也没有越墙成功，原因究竟何在呢？

第一是成员不敢担当。猴子翻不过去墙就找借口，寻托词，你找借口我也找借口，于是他们就一直吵吵闹闹，而忘记了目的是翻过高墙。

第二是成员不愿担当。一只猴子会说，我最近身体不舒服，在叠罗汉时犯错是正常的，因为我是病人，所以这次跌倒要归因于你们，最主要的原因是你们没有站稳，反正问题不是我。其他的猴子也会找种种借口为自己开脱。

第三是成员不善担当。比如中间的猴子看着大伙乱成一团，就说这次主要责任是最上面的和最下面的猴子，你们应该对这样的结果负责，并要求其他猴子在下一次的叠罗汉中更加认真负责，而从未意识到自己也要反思。

不敢担当、不愿担当、不善担当这三种表现也是团队在工作中最容易出现的行为，前两者体现出一些人的胆小懦弱，而后者则属于瞎指挥，不但没把责任落实好，而且容易引发新的矛盾，使得团队成员间的关系更加恶劣。但是，一个团队出现这样的内讧是在所难免的，而这时候，最好的应对方法是主要管理者勇于承担责任，不仅要考虑自己利益，还要考虑别人利益，要顾全大局。

那么怎样应对这种局面呢？大致有三种方法。

第一，敢于担当，需要勇气。面对任务能勇挑大梁，面对困难能迎难而上，面对危机能挺身而出，面对邪气能坚决斗争。有勇气，才能肩负起改革发展的艰巨任务，才能应对各种风险的考验。

第二，乐于担当是一种胸怀，需要大气魄。山西有个右玉县，曾被断言为“不适合人类居住的地方”，2010 年，右玉县却当选为“联合国最佳宜居生态县”，60 多年来 18 任县委书记，心存百姓，造林治沙，形成了“绿色接力”，使沙化治理率达 90%。他们跳出了一己之私，具有为国为民的大胸怀。历史的评判、群众的口碑，最终肯定的一定是那些坚守信仰和勇于负责的人。有大气魄，才能志存高远、脚踏实地，赢得群众的信任和支持。还有一些不懂担当的领导干部，遇事总是在他人身上找原因，不仅达不成共识，还扩大了分歧。这类领导面对群众的意见，不是加以重视，而是打压批评。这些人，虽然也算是有担当，却是让别人负责，是乱作为，会适得其反。

第三，善于担当是一种能力，需要有底气。“打铁还需自身硬”，肩膀硬、腰杆直，不仅要一身正气，还要与时俱进、善于学习，自我更新后才有新招。有底气，才能不断提高工作能力。

有勇气、能大气、增底气，我们就一定能不辱使命，取得攻克难题“接力赛”中的优异成绩。

所谓做事先做人，要谋求自身更好的发展，我们的身上就一定不能贴上“不敢担当”的标签，首先要做一个敢于自我担当的人，再通过不断的自我修炼，最终成为为他人担当的人。真正有担当的人，应该是那种即使问题的产生不是自己的责任，但看到别人犯错，也会内疚“是不是我平时哪方面没做好，导致他犯错”的人，并会从别人的错误中反思：“我要从对方的错误中吸取什么教训？我应该如何改善自身，以影响他不再犯类似的错误?”这种人往往是从大局出发，而不是从自身的利益得失去检审自己的工作的。这种人无论是从眼界上还是胸怀上来说，都是堪称领袖级的人才。

执行箴言：首先要做一个敢于自我担当的人，再通过不断的自我修炼，最终能成为为他人担当的人。

林文明很了不起，在团队成员发生了不合作事件时，在自己被猜疑时，表现得很淡定，并尽自己最大的努力承担起责任，这是一个优秀的领导者应该具备的素质。

林文明在团队里不但勇于担当，而且很会凝聚大家的力量。在教学楼建设中，他坚持要退还对方押金，一方面要承担对方失信的风险，另一方面要承受学校内部反对的压力。在是否退还押金的讨论会议上，林文明说出了自己的理由，在坚持自己的原则下通过沟通的方式取得大家的理解与支持。这就是林文明的机智之处，他使用的方法叫作凝聚合力。在做一些事情时，不能仅仅为了团结而失去原则，要在沟通中凝聚合力。凝聚合力有三个优点。

第一，目标明确，思想统一，可以提高团队决策的科学性。当一个团队的所有人同时释放热量和光芒的时候，往往也就是冲突碰撞最激烈的时候。领导者这时就需要重点引导团队分析发展的方向，在统一目标的情况下，团队的决策会更加严谨，更具科学性。

第二，以目标规范行为，协调冲突，可以提高领导班子成员的执行能力。一个团队的执行能力是事情成败的关键，领导班子要通过明确的目标，让大家在争议中统一认识，再在这种共识下提高团队的执行力。

第三，以目标融合团队，形成合力，可以让领导班子成员产生共同的成就感。在相互信任、团结协作的基础上完成一件事情，可以让领导班子感到自豪，更加信任对方，协调好彼此间的关系。

凝聚合力很重要，我们无论在决策上，还是在执行上，都要凝聚团队的力量。

通过协调目标、坚持原则和沟通以求谅解等方法，林文明凝聚起团队的合力，加强了团队成员的执行力。一个团队要想成功需要做到两点：第一，领导阶层把企业团队的力量凝聚起来，明确发展目标；第二，若团队中出现内讧，要在矛盾冲突中整合队伍，产生另一种力量。林文明团队的凝聚力不受消极因素影响，他们通过坚持原则、明确目标、统一认识，发挥了团队合力的作用。虽然在沟通中矛盾依然很尖锐，他也受到了谣言的诋毁，但是林文明敢于担当，在承受重压中树立了权威形象，也就是说，一个成功团队成员间的协作，离不开领导者的担当意识。林文明采取的策略就是，谣言我制止不了，但是对于这个团队，我能做到融入其中，通过沟通协调，使之形成合力。

林文明察觉到，此后大家执行任务时更加认真负责了，甚至以前那些和自己对着干的领导也主动加入到决策商议中，团队的气氛越来越好。林文明在之后的决策中再也没有遇到那么多棘手问题了。另外，团队更加团结了，他再也不用担心会因为下属之间的一点儿矛盾而导致整个团队的涣散了。这次教学楼的投入使用让林文明树立了威信，使学校教职工的执行力也得以提高。

以前，林文明每次安排任务，团队中总会出现一些质疑的声音和抵制，他为了维护团队团结而不得不多次妥协。如今，林文明决策顺利，没有人故意阻挠。然而，虽然林文明的工作开展看似顺利了，实则还是困难重重。那么，在以后的工作中林文明还会遇到怎样的考验呢？他又会用怎样的管理智慧去一一化解这些困难呢？

第三章

玩转执行力的条件

在一些单位里，有些人各方面都很优秀，但是在具体工作中表现得很差。出现这种情况，往往是这个人的执行力出现了问题。那么，怎样才能提高执行力呢？这就不得不提到执行力提升的条件。

三分决策，七分执行。没有执行力就没有竞争力，用这句话来形容林文明的工作思路特别贴切。我们从林文明带领全体教职工一起执行学校的规章制度来看，他的表现确实很出色。

教育界有一句话，叫“学校是航船，校长是舵手”。校长是学校的第一领航人，学校办学成功与否，关键在校长的执行力上。林文明在这方面做得非常成功，尽到学校这艘大船的舵手的责任，领导学校闯出了一条特色之路。

管理学校，执行力是一个非常重要的因素，而一个人若想掌控执行力需要一定条件，林文明也不例外。

新学期开学时，区教育局向学校下发有关“创建特色学校”的文件。林文明对此非常重视，决定要规划好，落实好。林文明把办公室主任和总务处主任叫到会议室，仔细做好安排部署，并嘱咐他们充分准备，大干一场，一定要认认真真地顺利完成任务。把任务安排下去后，林文明并不是甩手不管，而是留心观察两位下属的表现。

有人说林文明这样暗地里观察下属太过分了，连自己的同事都信不过。其实并不是林文明不相信他们，而是想观察他们在重大事情面前有什么表现。经过观察，林文明发现办公室主任做事能按部就班，很淡定；而总务处主任好像压力挺大，做事比较着急。林文明心里暗说：“办公室主任综合能力强。”

我们通过这件事，可以知道提升执行力需要的条件。

第一是认真。林文明在观察下属时，特别细心，也特别用心，不管是他们日常的工作还是他们的精神状态，都会细细观察，看他们做事是否认真。

第二是执行者是否具备稳定的心理素质。林文明特别明白执行力发挥效能的重要条件之一是执行者的心理素质，关键时刻，执行者稳定的心理素质非常重要。

林文明特别注重下属在关键时刻的表现，那些表现好的人身上有很多值得称道的品质，但归纳起来就是两个关键词：认真，负责。总务处主任做事有些急躁，急于求成，导致自己精神疲惫。办公室主任做事认真，敢于负责，显得胸有成竹。一个人要想拥有高效的执行力，认真、负责的工作态度是非常必要的。

我们想从心理学角度给大家解释一下，为什么认真负责是高效执行力的关键。

给大家讲一个小故事。有一个年轻人叫沃尔顿，为了赚取读耶鲁大学的学费，他就学自己的父亲当一个临时油漆工。假期里有一项为一栋大房子刷油漆的业务，虽然主人很挑剔，但是给出的酬金很高。

于是沃尔顿很高兴地揽下了这桩生意。有一天，认真工作的沃尔顿不小心碰倒了刚刚刷完漆的门板，门板倒在刚粉刷好的雪白的墙面上，墙上出现了一道清晰的红色痕迹。沃尔顿立即想办法补救：用切刀把漆印切掉，又调了些涂料补上。可是，做好这些后，他发现补上去的涂料色彩和原来的不一样，新补的一块和周围的颜色看起来显得很不协调。怎么办呢？沃尔顿决定把那面墙再重新刷一遍。

大约用了半天时间，沃尔顿认真仔细地把那面墙刷完了。可是，第二天沃尔顿又懊恼地发现新刷的那面墙和相邻的墙壁显得有点儿色调不一致，而且越看越明显。沃尔顿决定把所有的墙都重新刷一遍。重新刷一遍需要很高的成本，自己原本赚的高额酬劳就会被用光。但是本着认真负责的态度，沃尔顿还是决定这样做。

他刚把所需要的材料买回来，主人迈克尔就来验工了。沃尔顿向他说明了原因，并把自己重刷一遍墙的计划说了出来。迈克尔听后，不仅没有生气，反而对沃尔顿竖起了大拇指。迈克尔对沃尔顿认真负责的工作态度非常赞许，表示愿意赞助他读完大学。后来，沃尔顿不仅顺利读完了大学，毕业后还娶了迈克尔的女儿为妻，进了迈克尔的公司。十年后他成了世界上最大的零售公司沃尔玛的董事长。

通过这件事我们能看到，有时我们不缺做事情的能力，缺的是对所做事情的认真负责的态度。做事时，如果你抱着认真负责的态度，就可以得到机会的垂青；如果你抱着敷衍了事的态度，机会就会不知不觉地从指缝中溜走。所以说我们很多时候不是没有做事的能力，而是因为没有认真负责的做事态度。

林文明发现，要拥有高效的执行力是有条件的，那就是要认真负责。沃尔顿如果没有认真负责的态度，又怎么会得到迈克尔先生的垂青，怎么得到迈克尔资助他上大学的机会呢？林文明决定再用一个星期的时间来观察他们的表现，结果发现依然是办公室主任表现得不错，总务处主任还有提升的空间、改进的余地，还得继续努力。

执行力不是简简单单看几本书就可以培养出来的，而是要经过长期的职业历练。林文明时刻以认真负责的态度做事，在磨砺中最终成长为优秀校长。温室里培养的树苗经不住大风大雨，在荒郊野外风雨里成长的树苗反而能把自己的根深深地扎在土地里，最终成为参天大树。林文明对执行力的理解也有一个过程。

林文明担任教导处副主任的时候，要求各年级购买辅导资料的价格要透明清晰，由学校招标统一向书店购买，教师不能私下联系书店进行交易而从中谋利。林文明还特地召开会议告诫各位教师一定要按规定做事，不可违反规定。但有个别教师贪图私利，私下向书商购买辅导资料，收取回扣。林文明发现这种情况后迅速采取行动，让各年级长找这些教师开会，要求他们能改正错误，然而仍有个别教师一意孤行。林文明认为这种行为已经触犯制度规定，必须给予严厉处置，给予不听劝告的教师以公开批评，并把其中的几个年级长撤掉。任务本身不具备任何属性，但指令传达到人的时候执行者可能会敷衍了事甚至不予执行，面对这种情况，我们应该首先给他们一次机会去改正，如果还不听劝告我们就要对其做出严厉的处罚，确保任务顺利完成，提高大家的执行力。

通过不断实践，林文明和学校教职工的执行力得到很大的提升。除了认真负责外，实现高效执行力的其他条件也不可忽视，这里有几条提升执行力的策略，值得大家借鉴。

策略一　渗透特质，形成执行力

说到林文明执行力的特质，我们必须提到林文明的成长背景。林文明从求学开始便喜爱阅读管理类的书籍，职业生涯开始之初，他就特别重视提高自己的执行力。我们来了解一下林文明事业上的两位导师。

第一位导师是林文明的一位老朋友。据林文明回忆，老朋友长得很精悍，外表很有气势，注重礼仪，为人斯文。当有人问林文明心目中老朋友的形象是什么样时，他说老朋友就像写《珠玉词》的晏殊，气质比晏殊还要再温和一点儿。

据林文明回忆，老朋友年轻的时候在一家汽车公司担任销售人员，做事特别执着。一旦他决定实现某个目标，不论经历什么艰辛都能坚持住，直到达成目标。这种精神品质也影响了林文明，使他也形成了一种特质——执着，他会坚持不懈做一件事情，并且认真负责，绝不敷衍了事。

英国的约翰逊讲过一句话，"伟大的作品不是靠力量，而是靠坚持来完成的"。执着的特质，是衡量一个人是否能达到目标的重要标准。

执着这一特质对培养一个人的高效执行力特别有帮助，不过，即使有这种特质也得从工作中的每一次值得坚持的事情做起。中国有一段话出自罗大经《鹤林玉露》卷十："一日一钱，千日千钱，绳锯木断，水滴石穿。"意思是说用绳子不停地锯木头，木头就会被锯断；水滴不停地滴，能把石头滴穿。这就是执着的力量。

学校规定每天要有 4 个值日领导巡堂，上午一次，下午一次，并要求值日领导每天下班时把巡堂情况汇总到学校办公室，以便他随时掌握教师的教学情况。林文明以身作则，带头做起了这件事。当你严格要求下属去做某件事情的时候，下属也许会心生怨气，认为上司总是要求我们做他自己也不愿做的事情。林文明做出表率，会让大家心甘情愿地执行学校的规章制度。我们可以看到，在解决巡堂执行不力上，林文明采取了这些措施：第一，制订了严格的周一报告规定，让值日领导不能松懈，认真完成任务；第二，林文明以身作则，一直坚持巡堂，从不松懈，这给大家做了榜样。看到校长坚持这样做，大家也认识到自己的错误，就跟着做了起来。

很多年轻人都觉得自己的工作没有意义，所以经常跳槽，希望可以找到一份自己认为有意义的工作。你如果这样想，就错了。一个人不管是做什么事情，只要在岗一日，就应带着认真的态度，坚持做好每件事，这样才能把工作做好。只有把工作做好，才能让自己有价值。

在教育工作中也是这样，我们要对自己的工作认真、执着。林文明拥有高效执行力的基础是对待工作有一颗坚持的心。在严格要求下属的同时，自己以身作则，使老师们的执行力也相应得到了提高。

第二位导师是林文明所在学校的老校长。当时学校升学率不高，很难招到优质生源，这便在一定程度上限制了学校的发展。在这种艰难的情况下，老校长制订了严密的计划，把招生人员分成几组，两人一组，并亲自带领同事组成“火线招生”小组。这件事情让林文明很佩服，“凡事预则立，不预则废”，要想干成一件事，周密的计划是不可或缺的。大及国家，小至个人，没有计划，则做事难以周全。

成功的人生需要正确的规划，合理规划自己的职业道路，是迈向成功人生的第一步。我们看到现在很多年轻人对自己的工作缺少规划，一下子在这家公司上班，一下子又跳到那家公司，这样很不利于职业发展。而林文明受到老校长的影响，做任何事情都讲究计划，谋定而再行。

如何计划？归结起来大致有六步。第一步是先了解自己，做好自我评估。在制订计划时，我们需要对自己进行客观评价，这有助于我们看清自己的现状，同时有助于我们脚踏实地，逐步前进。第二步是要对自己所处的环境进行准确评估。每个人都处于一定的社会环境之中，或多或少与他人有这样那样的关联。所以我们要了解和分析这些环境因素将对我们的发展有何影响。第三步是制订自己要达成的目标。明确了目标，我们就会在各方面提高自己，从而逐渐向这个目标迈进。第四步是选择达成目标的路线。在制订好目标的达成路线之后，在路线上设置一些节点——阶段性目标。这既是对自己前期工作成绩的肯定，又是对自己下一阶段工作的督促。第五步是监督计划的实施。所有计划都要依靠具体的实施来完成。实施过程也是个体努力前进的种种过程，包括实际工作、职能培训、学习深造等。第六步是对计划的评估与反馈。俗话说“计划跟不上变化”，影响计划的内外因素很多，有些变化是可以预测并加以控制的，但更多的变化是难以预测的。这种情况下，要使计划能够得以实施，就需要根据实际情况对其做出评估，并适时进行调整。总之，计划就是个人结合自身情况以及眼前的制约因素，为实现目标而确定的行动方向、行动时间和行动方案。只有在了解自身的基础上制订出适合自己的方向、目标和行动，才能避免盲目性，降低事情失败的可能性，为个人提高执行力提供有力的保障。林文明因为深受老校长的影响，精于制订计划，为培养自己高效的执行力打下了基础。

策略二　分配任务，培养执行力

这里我们要讲讲林文明的助手，虽然这位助手做事有些急躁，但是不乏认真负责的态度。

林文明为了得到更多的信息，让学校的管理和教学获得更大的进步，需要出差一个星期，参加一个在外省举行的交流会议，交流不同的教学和学校管理思想。因为林文明不在学校，日常行政管理工作就由其助手主持。

有一天，负责管理化学实验室的教师反映化学实验设备陈旧破损，难以完成教学实验，需要购买新设备。学校经过讨论，把购买化学实验设备的任务交给了这位助手。助手尽心尽力，希望可以购买到好的设备，但是，他对化学实验设备不熟悉，导致买错了设备，给学校造成了损失。他觉得很愧疚，情绪也很低落。林文明得知这件事情后，经过深思熟虑，决定采取一些措施来帮这位助手渡过难关。

第一是重新选择购买负责人，负责人要富有威望。负责人要有威望方能服众，大家才能接受他分配的任务，并积极配合完成。

第二是对采购工作要监督到位。在助手的这次采购活动中，学校没有给予有效的监督，以致使其犯了错误。如果有一个组织或者一个群体来监督采购活动，那么这种错误是可以避免的。林文明在这次解决问题中要求一部分人监督负责人的购买行为。

第三是负责人在采购中要外规内矩。无论是对外沟通还是对内协调，负责人都要有自己的主见和方法。

第四是采购工作要公开透明。从挑选负责人，到购买，整个工作流程和工作明细都要公布出来，让大家都清楚学校的钱用在了哪里，用了多少，确保钱都用在了“刀刃”上。

通过林文明的安排，事情得到圆满解决，但助手自从犯了这次错之后，常常自责，以至于在日常的课堂教学中无心教学，也无心处理学生的问题和家庭日常事务。远在外省开会的林文明知道这些情况后，打电话安慰他，帮他解决了这些问题。所以这位助手对林文明既尊敬，又感激。

通过林文明处理这件事情，我们可以看出他在分配任务时很有技巧。在日常生活中，我们可以看到很多管理者善于分配任务的典型案例。我们都知道，国家收税后经过统筹把国家财产分配到不同的领域以维持国家的运行；一个工厂的运行需要各个部门的协作：一个部门负责设计，一个部门负责制作，一个部门负责监督检验；在一个家庭中，为了教育孩子，通常妈妈会细心、温柔地照顾孩子们的生活，爸爸会严格要求孩子们的学习。分配任务是现代企业人力资源管理中的一个重要环节，在吸引人才、激励人才和留住人才方面起着至关重要的作用。同样，分配任务是校长应具备的一项很重要的能力，如何合理地进行任务分配，不仅关系到维持学校的正常管理秩序，还关系到学校是否能够留住人才——这在很大程度上决定了学校核心竞争力能否提高。只有认识到分配任务的重要性，并制订出科学的分配方案，才能够有效地促进人力资源的管理，进而促进学校的建设。

教育管理专家李树锋认为我国中小学校长应承担以下五个方面的责

任：学校经济收支责任、学校教师专业水平提高的责任、学生监护责任、学生终身发展责任、政治思想和法律及伦理责任。教育工作者黄小堂在《对校长职责的思考》一文中，从校长领导学校工作的角色的维度指出，校长担负着重要的责任：坚持正确的办学方向、树立科学的教育理念、抓队伍建设、培养教师素养、提高教育质量。霍克林认为任何一所学校都有办出自己特色的可能性，但能否办出特色来，很大程度上取决于校长。校长在学校特色建设的各个时期都起着决定性的作用。所以说，一个校长对一所学校而言具有独一无二的重要作用。林文明善于分配任务，这直接影响了整个学校，促进了学校的有序运行和健康发展。成绩面前，林文明依然在努力工作，不断学习如何当好校长，学习如何更好地分配任务。

林文明善于分配任务的能力是如何形成的呢？是什么样的因素对林文明优秀的执行力的形成产生了影响呢？一方面是持续观察，这有利于他熟悉学校的行政环境和教职工之间的能力差别；另一方面是积极推动学校行政链上的同事们协同努力、创新。那么，什么样的行为有利于校长形成积极的行政态度和超强的分配工作的能力呢？一方面是进行有利于形成合力的文化建设，加快培养和吸引优秀人才的步伐；一方面要进一步改善组织形式。一个人是难以完成某项重大任务的，所以要善于管理，善于分配任务，通过各方协调合作达成目标。

策略三　把握时间，提升执行力

说到做时间的主人，我们先给大家讲一个企业管理的经典现象。管理学上有一个特殊的现象，叫作“被动现象”，往往是“人的地位越高，权限越大，越是被动”。现在很多创业成功的年轻的“一把手”都很被动，而且他们的主动程度跟初创业时的主动程度成反比。创业时主动性越高，现在的主动性就越低。为什么会形成这种现象呢？

管理学研究认为，初创业的时候，企业规模一般都是比较小的，资产较少，作业员工数量相对比较少，“一把手”能主动接触到企业的员工，能得到比较全面的信息，工作起来也非常主动，所有的管理信息都是第一手的真实信息。企业越大，要获得企业运行中的实际数据就越困难，越被动，受制的因素越多。想了解外地分公司某人的某件工作便变得十分困难，而不是外人想象的那样，了解公司内部信息会因为权力增大而变得更容易。

确实，如果让管理者什么都干，什么都了解，公司的决策和管理就会因此停滞，影响企业的发展；如果将事情交给别人做，管理者将主要精力放在核实、分析、研究信息上，放在做出新的决策上来，就既能实现主动管理，又能提高效率，还能保存精力以便掌握企业的发展大方向。当什么都要自己干的时候，“一把手”得想每一个问题，这样一来他做什么都被动，那还如何能掌握整个企业的发展方向？等出现失误的时候，他能解释说“我只能被动地去了解我的企业”吗？

所以，要想有高效的执行力，最重要的是什么？做时间的主人，不要被时间拖累，而要科学地安排时间，做好时间的统筹和分配，从最重要和最紧迫的事务入手，明确优先事务——那些截止日期临近的重要事务，应当首先被完成。时间紧的工作要放在最先的位置，尽量用一天中思维最活跃、效率最高的时间去完成；当决定一个明确的、切实可行的目标后，就要专注于此，不要做这件事情时还想着其他事情；要留有应对突发事件的时间，明确哪些事情是你必须做的，哪些事情在适当的时候可以稍微晚些再完成。珍惜时间，把握时间，和时间斗智斗勇，只有这样，繁多的任务才可能得以完成。如果只是制订了美好的计划，却整日懒懒散散，任由时间白白地从手中溜走，那么，即使你的天分再好，目标再明确，最终也将一事无成。试想，假如不是对时间分秒必争地加以利用，爱迪生会有那么多重大发明吗？假如不是整日孜孜不倦地读书，孔子能成为圣人吗？假如没有平常爱惜每一分每一秒的习惯，华罗庚能成为伟大的数学家吗？当不了时间的主人，何谈当自己事业的主人呢？

高尔基曾经这样说过：世界上最快而又最慢、最长而又最短、最平凡而又最珍贵、最容易被人忽视而又最令人后悔的就是时间。若要提高执行力，就要善于利用时间，让自己可以有效利用的时间最多，让时间变得有意义。

我们来讲一个小故事，谈谈举世闻名的“发明大王”爱迪生的两句话。未成名的爱迪生在街上遇见老朋友，他的老朋友关心地说：“看你身上这件大衣破得不像样了，你应该换一件新的。”“用得着吗？在纽约没人认识我。我为什么要把时间花在选衣服上呢?”爱迪生毫不在乎地回答。几年过去了，成为大发明家的爱迪生又在纽约街头碰到了那位朋友。“哎呀，”那位朋友惊叫起来，“你怎么还穿这件破大衣呀？这回，你无论如何要换一件新的了!”“用得着吗？这儿人人都认识我了，没必要再为穿什么衣服浪费时间。”爱迪生仍然毫不在乎地回答。我们应为爱迪生珍惜时间，利用时间的行为而感动。第一，爱迪生还是穷工人的时候，就根据自己的兴趣，一心一意做研究，不在自己的穿着上浪费时间。他后来在新泽西州建立了一个实验室，一生发明了电灯、电报机、留声机、电影机、磁力析矿机、压碎机等总计两千余种东西。善于利用时间、珍惜每一分每一秒的爱迪生对改进人类的生活方式做出了重大的贡献。第二，一个人成为公众人物后通常会获得来自各方的注意，这时候他一般会自觉地打扮自己，让自己的仪容服装都很得体。但爱迪生还是宁愿把更多的时间放在自己的研究、自己为之奋斗一生的事业上，他经常喃喃地说：“人生太短暂了，太短暂了，要节省时间，多做事情啊!”这么善于利用时间的爱迪生怎能不让我们又爱又敬呢？

你再想，假如第一次老朋友提醒爱迪生注重自己的穿着时，爱迪生便用研究发明的时间去研究自己的仪表服饰，又怎么可能成为举世闻名的“发明大王”呢？假如第二次老朋友提醒爱迪生要注意自己的穿着时，爱迪生从此爱上上流社会奢华糜烂的生活，又何来时间继续搞发明呢？

所以说，人要有所作为，要提高执行力，就要善于掌握时间，做时间的主人。

林文明在这一点上做得非常好，懂得管理时间，能把时间利用到极致。我们每个人每天都有很多任务，生活上的、工作上的，只要能把握住时间，我们就可以让自己的生活和工作有序进行。林文明是怎么利用时间的呢？我们来举一个小例子。

因为学校的宿舍不够住，所以学校租了一栋公寓给女生当宿舍。有一天，一个女同学反映晚上看见一个男人的身影出现在宿舍楼。林文明认为一个男人出现在女生宿舍是很危险的事情，无论是对学生的人身还是财产都造成很大的威胁。林文明是怎么做的呢？他找来保安一起研究监控视频，果然发现有一个男性的身影在女生宿舍出现。经过追查发现，原来是宿舍管理员失职在岗位上偷睡，导致这个人偷偷溜进了宿舍楼内。林文明立即要求关于女生宿舍的所有安全防卫措施都在一天内制订完成，不能浪费一分一秒的时间。为了保障女生们的安全，学校第二天就出台了规定：一是为宿舍楼增加铁门，晚上按时上锁；二是宿舍管理人员在晚间不准睡觉，按时巡查并签名记录；三是相关负责领导晚间要不定时来检查。

通过这件事情我们可以看到，林文明对突发事件特别是具有潜在危险的事情处理得非常果断，动作非常快，因为他知道事情迟一点儿解决，危险就增加一些。我们之所以说林文明是时间的主人，就是因为他对事情的轻重缓急有准确的衡量，并能在最短的时间内解决问题。

恩格斯说："利用时间是一个极其高级的规律。"我们注意到"规律"这两个字，人们常说掌握了规律就掌握了事情的本质，它是做好事情的关键。而掌握规律之外，做好事情的另外一个关键点就是利用好时间，做时间的主人。

有人问林文明，你这么强的执行力是如何养成的？其实，这种能力不是天上掉下来的，而是从善于利用时间中获得的。林文明年轻的时候做事也喜欢磨磨蹭蹭、拖拖拉拉，读书的时候甚至因为没好好利用时间打理自己的生活，导致一桶浸泡太久的衣服和生锈的铁桶黏结在一起了。后来，林文明意识到浪费时间会给自己带来极大的麻烦，于是就想慢慢改变做事拖拉的习惯。林文明每天睡觉前都会反思，怎样才能延长可利用的时间？

"勤勉的人，每周七个全天；懒惰的人，每周七个早晨。"哪怕是做一件小事也要利用好时间，每一件事都要计划好，力求节省时间，提高效率，成为时间的主人。

为什么要做时间的主人?

第一是可以促进个人素质和能力的全面发展。

时间对于每个人来说都是公平的，没有人可以拥有同期内多于别人的时间资源。如果一个人想在同样的时间内做比别人更多更重要的事，唯一的办法就是提高自己的时间利用效率。对于每一个想有所成就的人来说，时间的重要性是怎么强调都不为过的。人必须经过很多阶段的磨砺才能发生蜕变，比如，经历求学、工作、生活中的各种锻炼。可见，每一个人对时间的管理和利用，直接决定着其人生的最终质量。有研究显示：我国当代大学生在校期间平均每年的上课时间约为 190 天，闲暇时间约为 170 天——闲暇时间几乎占了全年天数的 40%。大量的自由时间对于尚不成熟的大学生而言是一把“双刃剑”，一部分学生能自觉、充分地利用课余时间，合理、有度地自主学习、自我管理；而另一部分学生面对师长管束等外力的突然撤除，变得不知所措，不知如何安排时间，不能合理规划自己的生活，久而久之，时间管理所得效益都能以负数计量了。曾有学者对 25 所高校的 1000 多名大学生进行课外时间行为倾向的调查，得出的结论是他们中的大部分人的课外时间行为倾向呈多元化和积极向上的特点，但在毫无意义的行为中消磨时光的也不乏其人。可见，并非每位大学生都能处理好学习、生活、社会活动中的矛盾，合理地安排好课余时间。所以，每一个人都应该具有时间管理能力，都应该学习具体的时间管理方法和策略，学习这些将对我们每一个人的健康成长和全面发展产生重大影响。

第二是有助于缓解一些心理问题。

在企业中，有一部分员工存在心理问题，其中一些问题在新就职的员工身上表现得尤为明显。这是因为他们在适应新的职业生活的过程中，对自己的思维方式和行为方式不能做出及时调整，会因此遇到诸多困难，并承受比别人更大的压力，因此可能会产生焦虑、抑郁等不良情绪。所以可以说职业新人的时间管理水平高低直接决定其心理健康程度、能否得到幸福感及生活水平高低等。涂涛等人针对大学生的时间管理水平和焦虑产生之间关系的有关研究表明：时间管理水平较高的学生，焦虑程度较低；时间管理水平低的学生，其焦虑程度相对较高。通过训练时间管理的能力有助于缓解学生的压力，降低焦虑症产生的概率。

第三是提高人的自主学习能力。

时间管理是职场新人自我调节策略的重要组成部分。提高个人的时间管理能力的实质是改善人的自主学习的能力，以帮助他更好更快地适应千变万化的生存环境，为顺利熟悉环境、应对各种压力打下良好基础。

第四是提升人的综合素质。

时间管理能力的养成直接关系到人的自理能力、自我教育与管理能力的提高，而这些因素将影响个体未来的学习、工作和生活。黄希庭等学者指出，时间管理能力与个人的能力有关。善于驾驭时间的人，具有较强的统筹时间的能力，有捕捉机会和做出正确决策的能力。相反，不会驾驭时间的人，这些能力相应也要差得多。在当今社会快速发展的形势下，生活节奏正在逐渐加快，人们承受的压力也在不断增大。一方面，社会的飞速发展必然会对人的素质提出更高的要求；另一方面，人们为了适应未来社会的发展必须不断提升自身各方面的能力。实现这一目标的重要途径之一就是提高个人的时间管理能力。正如上文案例中所说的，时间管理能力在职场菜鸟的成长过程中发挥着不可替代的重要作用，只有具备较强的时间管理能力，他们才能更快地提升自身素质，从而适应职场的工作节奏。所以玩转执行力，最要紧的是管理好时间，珍惜每一分每一秒。

林文明胸怀大志，希望自己能成为学校合格的掌舵人。因此，他很早就开始对学校发展进行规划。“第一要事，制时行事”，新学期一开始，林文明就召开行政会议，商量制订学校的工作计划，严格要求各部门根据本学期工作重点认真制订本部门的工作计划，如政教处每月要举行的主题活动分别在哪一天，都要明确、清晰、具体。

其实，林文明作为一校之长，完全有条件让自己舒舒服服地坐在办公室里，过着轻松惬意的生活。但是他没有那样做，下属再能干也免不了出现这样那样的错误，校长若当甩手掌柜，学校还怎么发展？校长要为学校发展指明大方向，并制订出每一步的实施计划，让学校在制订好的规划中健康稳定地发展。很多个体小店的经营者就是缺少对时间的掌控能力，总是等事情发生了才去解决，店铺经营也没有计划，而是走一步看一步。这样一来店铺的经营就处处被牵制，经营者没有任何主动权，生意方面也没有发展可言。

林文明在这一点上很了不起，作为一个校长，他给学校师生准备好详细的计划，不是说干什么就干什么，而是做任何事都井然有序，计划周详、准备得当。这不但让学校的日常工作得以稳步进行，还让学校师生都处于珍惜时间的氛围中。大家不是泛泛地喊几句做时间的主人的口号，而是在生活、学习、工作当中真正去做时间的主人。

回过头来想一想，如果林文明在处理女生宿舍那件事情上拖拖拉拉，结果会怎么样呢？大家想一想，一个男人轻易进入女生宿舍，第一次他可能只想偷些财物，得逞后他就会想，这么轻易就能进入女生宿舍，要不要再去偷呢？他下一步会做什么事情呢？很有可能就威胁到女生的人身安全了。

如果真的发生了恶性事件，大家会质问学校：为什么没有阻止事情的发生？校长难道要说“没有时间”吗？所以我们还是那句话，做时间的主人，把时间掌握在自己手里，用最快的速度彻底解决棘手的问题，不留后患，这才是最聪明、最能体现执行力的做法。

林文明是一个普普通通的人，难免有缺点，但是他有很多做法值得我们学习，其中之一就是对时间的有效掌控能力。

如果说时间是一条大河，我们就是逆流而上的鱼，只有牢牢地抓住时间，抓住机会，才有机会到达上游。

第四章

登上执行力的“金字塔”

在竞争激烈的职场上，如果管理者拥有较强的执行力，那么不管是他自己还是他带领的团队，都能在事业发展上达到一个新的高度。怎样才能掌控和发挥强有力的执行力，驰骋于职场呢？林文明便是一位拥有较强执行力的教育管理者，在他的带领下，学校不断创造出新的辉煌。那么，他是怎样登上执行力的“金字塔”塔顶，怎样在竞争中脱颖而出的呢？

执行力是指完成任务的手段和能力，是完成任务的一种态度和精神面貌，是对方法和目标的认真研究、执着跟进。执行者的执行力决定了决策的落实与否和事业的成败。有了好的想法和点子，怎样才能把它执行到位而不让它成为华丽的空谈呢？作为学校的“领头羊”，在提出可行决策后该怎么去执行呢？在执行过程中，是否一帆风顺呢？林文明到底使用了哪些妙招登上了执行力“金字塔”的顶端呢？

有好的想法若不能执行，只能算空想。想法很多人都有，但是我们需要的不但是高明的想法，更需要付诸行动的能力，最关键的是行动后能产生多大的效果。有想法固然好，但绝不能做思想的巨人，执行的矮子，因为你的执行结果就是你最后的“审判人”。俗话说“为者常成，行者常至”，我们来看看林文明是怎样执行一些想法的。

2015 年 8 月，区教育局局长亲自致电林文明，这让林文明感到非常惊讶。原来各个学校高考升学率的排名出来了，他们学校的排名“欠先进”。这让林文明除了惊讶还有些担忧。教育局长是个友善的人，待林文明如朋友般真诚，在电话里他跟林文明谈到几个新校长上任后屡创佳绩，令人瞩目。“还真是气势如虹啊！林文明，看来咱们不服不行！”这一句看似玩笑的话，让林文明听了很愧疚——自己学校的升学率确实比其他兄弟学校低。根据现实情况，我们可以推测出林文明所在学校的发展面临两个问题：

一是学校生源不理想。学校招到 700 分以上的学生较少，虽然理论上可以乐观地认为“宝剑锋从磨砺出，梅花香自苦寒来”，命运掌握在自己手里，只要学生和教师共同努力，同样可以取得理想的成绩，但客观事实是绝大部分学生的基础差，想提高很困难，导致他们在竞争中处于劣势。真所谓“巧妇难为无米之炊”，学校没有好生源，想提高升学率几乎是不可能的事。

二是学校发展没有新路子。这当然与生源差有密切关系，如果仍按常规方式发展，升学率还是难以得到保证。因此，当务之急是为学校开辟一条可行的新路，但是对于路在何方，林文明显得甚是彷徨。

林文明连续几天苦思冥想，但面对当下的局面始终是茫然无措，想要做点什么，却又不知道从何做起。

几天后，区教育局召开全区中小学校长工作汇报和学习研讨会议。本来参加这种常规会议，对林文明来说，根本不用担忧。但是想起前些天局长的“暗语”，他有些心虚了，往好的方面想，这是参加工作研讨会，往不好的方面想，说不定这就是一个批斗大会。我们知道，由教育局召开的会议，与会人员都是来自各个学校的领导，当然也少不了教育局长口中“气势如虹”的几个校长，那么，这次会议会是各学校之间的较量大会吗？

当高考成绩突出的学校的领导们都对这次“华山论剑”会议倍加期待的时候，教育局长似乎并没有按照一些人期待的剧本上演剧情。会上，他做会议总结并安排了下学年的工作，其中就有对每所学校办学及升学情况的比较，以此激励各学校奋发向上。当然，S 中学的升学情况与兄弟学校相差甚远，如果按照原来的办学思路，肯定很难达标。对于这一点，任职多年的教育局长也明白并理解，快马都须扬鞭，何况慢马呢？不过交情再好也不能偏袒，有缺点也要在大会上当众给林文明指出。局长能做的唯有私下再找林文明谈心，为他加油，好让他有积极的心态及早做出调整。

“巧妇难为无米之炊”，林文明面对当前的校情及可望而不可及的升学指标，心里是什么滋味呢？这些事让林文明整天忐忑不安，在没有新对策、新想法前，只能按先前的计划走了。

古人有云：“山重水复疑无路，柳暗花明又一村。”没想到，在林文明彷徨之时，省教育厅出台了把素质教育落到实处的政策。说起素质教育，一直是中国教育改革的方向，它提倡教育要致力于促进学生德智体美劳的全面发展。从另一个角度看，这就意味着体育、艺术等学科从此不能再被当成“摆设学科”了。刚开始，林文明因陷在不能达到升学指标的苦恼中，压根儿就没有注意到这些刚出台的新规。一天，林文明无意中看到教育部网站上发布的这则消息，脑中灵光一闪，心头浮现出一些想法，学校的发展因此出现了一些转机。

学校生源不理想，学生学习基础差，多年的从教经验告诉林文明，在高考中如果这些学生与其他基础好的学生硬碰硬就相当于拿鸡蛋碰石头，显得有些自不量力，怎么办呢？林文明认为只有别出心裁才能找到解决问题的突破口，于是他做出了一个重大决策——错位竞争。错位竞争就是在保证普通学生发展的前提下，大力培养体育、艺术特长生，争取在体育、艺术方面取得竞争优势。虽然现在各地的高中学校中也有体育特长生、音乐特长生和美术特长生，但大都发展得不够好，因此他认为这是个机会。说干就干，林文明要求教导处马上准备开展这方面的工作。

《礼记·中庸》载："凡事预则立，不预则废。"翻译成现代汉语的意思就是：无论做什么事，事先要有准备，才能取得成功，不然就会失败。林文明是不打无准备之仗的管理者，因此，他特意登门拜访教育局长，咨询高考体育招生等问题，为实施学校错位竞争做准备。两人见面后，林文明阐明了他实行错位竞争的决策和决策缘由，教育局长对此表示赞同，在当时的情况下，这对林文明所在学校的发展来说，算是个上上策。在残酷的竞争中，有些人即使占据着领导者的位置，也不一定就能成为名副其实的领导者，因为领导者的重要之处在于关键时刻能做出正确的决策。谁在管理上善于筹谋，谁的决策具有前瞻性，谁就有可能在激烈的竞争中领先一步；相反，如果领导者目光短浅，缺乏长远发展眼光，结果只能是永远当时代发展潮流中的"追随者"，永远落后于别人。如果领导者在紧急时刻，缺少力挽狂澜的气魄与科学决策的能力，看不清问题的本质，只抓一些无关痛痒的细枝末节，就会带领大家稀里糊涂地走上一条离目标越来越远的路。"我一直觉得你是很有魄力的，几天前主动找你交流，就是看到你比别人有更强的执行力，相信你会为学校找到新的发展出路。我们区体育生的高考辉煌局面有待你来开创了！"这句话意味深长，表明教育局长对林文明满怀希望，也有对他委以重任的意思。顿时，林文明感到了责任的重大。

从旁人那里得知，当时还有三个比较年轻的校长主动请缨，想把"体育特色班"作为他们学校高考升学率的"增长点"，但是教育局长考虑到年轻人容易冲动，做事不能深谋远虑，听他们谈想法时好像有一种要把学校“改朝换代”的意思，怕他们说得好听，做得不好——执行力跟不上想法。另外，主要还是坚信林文明能开创出一条体育教育的新路，于是就支持林文明走这条路。

培根说：“好的思想，尽管得到上帝的赞赏，然而若不付诸行动，无外乎痴人说梦。”做很多事情，不仅要讲究速度，更要注重实际行动。一张地图，不论其地理位置标示得多么详尽，比例多么精确，它也永远不可能让人们在它的面前进半步，只有人的行动才能使地图具有价值意义。管理者在管理时必须坚持一个原则：将蓝图变成现实，一定要靠执行。

说到执行，让我想起这样一个故事。阿诺德和布鲁诺同时受雇于一家店铺，并且拿同样的薪水。可是一段时间后，阿诺德青云直上，而布鲁诺仍在原地踏步。布鲁诺很不满意老板的“不公正”待遇。终于有一天他到老板那儿发牢骚了。老板一边耐心地听着他的抱怨，一边在心里盘算着怎样向他解释清楚他和阿诺德之间的差别。

“布鲁诺，”老板说话了，“您现在到集市上去一下，看看今天早上集市上有没有人卖土豆。”布鲁诺跑了三趟才收集完市场上哪里有卖土豆的、它的价格、数量等信息。

“好吧，”老板对他说，“现在请您坐下听听阿诺德怎么说。”阿诺德很快就从集市上回来了，向老板汇报：现在为止只有一个农民在卖土豆，一共四十袋。接下来他告诉老板土豆价格是多少，还说土豆质量很不错，自己带回来了一个让老板看看。这个农民一个钟头以后还会弄来几箱西红柿，据他打听价格非常公道。昨天他们铺子里的西红柿卖得很快，库存已经不多了。他觉得这么便宜的西红柿，老板肯定会要进一些的，所以他不仅带回了一个西红柿做样品，还把那个农民也带来了，那个农民现在正在外面等回话呢。此时老板转向了布鲁诺，说：“现在您肯定知道为什么阿诺德的薪水比您高了吧?”

执行的关键在于思维严密，工作到位，因为执行不到位，等于没执行，甚至会因执行不到位，而前功尽弃。

执行过程中最怕遇到两个棘手问题：一是执而不力，就是执行了，但未必执行到位。很多人在执行时，往往只重视完成任务本身，或者过于强调以最少的投入获得最大的回报。结果单个任务是完成了，但由于整体任务处理得不圆满，最终还是得不偿失。二是执行不及时，本来可以马上行动的，却一再拖延，从而错失时机。因此，决策确定后，执行既要及时又要到位，以使工作得以圆满完成。所谓圆满，就是指不仅要做成一件事，还要把这件事情做得无懈可击，无可挑剔，方方面面都做好。圆满意味着不仅要完成任务，而且保证绝对不产生什么“副作用”，只产生好的效果，从而为后继工作奠定良好基础，以达到执行的最好效果。

在管理学中有一个“生态位法则”，也称价值链法则，原指在大自然中，各种生物都有自己的“生态位”，亲缘关系接近并具有同样生活习性的物种，不会在同一地方竞争同一生存空间。这种法则应用在企业经营上可以推断出，同质产品或相似的服务，在同一市场区间竞争时难以同时生存。在学校建设和管理中也一样要寻求差异，实行错位竞争，坚持“人无我有，人有我优，人优我转”的战略原则，只有这样才能取得竞争优势，不断让自己发展壮大起来。

执行箴言：人无我有，人有我优，人优我转。

人生是一段漫长的旅程，哪一步最艰难？眼前这一步最艰难。日常生活中，我们经常听到某个身体发福的女孩子嘴里天天喊着要减肥，但每次经过小吃街总能看到她左一个鸡腿，右一串烤肉，边吃边说：“嗯，好吃，吃完明天就开始减肥!”我可以肯定地告诉你，她明天还会如此的。“明天”对她来说永远只是一个不会到来的日子。有减肥的心却没有减肥的行动，只是嘴上说说，那永远也瘦不下来。一次行动胜过百遍誓言，说一尺不如行一寸，行动远比想法更重要。对领导者来说，有了决策就应该马上执行，没有把想法变成行动，一切都是空谈，光说不做，再好的计划也是空谈。

林文明执行的诀窍就是善于抓住机会，在重要关头做出正确决策，并立即着手执行。在错位竞争发展战略的执行过程中，林文明以其独到的发展规划和强有力的执行力而倍受大家的赞赏，大家都极力支持他的错位竞争发展战略。

“小荷才露尖尖角，早有蜻蜓立上头。”林文明把“体育特色班”作为高考“增长点”以后，大家都给予这种发展模式以不同程度的关注。前面我们提到过就在林文明萌发错位竞争发展策略的设想的同时，有三个校长也有相同的想法。

第一个是N中学的校长。他是学历比林文明高的硕士毕业生，俨然是教育界的一只“潜力股”。

第二个是Y中学的校长。Y中学学生成绩优异，在各种考试中屡创佳绩，这位校长也因此在各个学校的校长中独领风骚。

第三个是X中学的校长。他是个很有想法的教育管理者，对各种教育问题都有自己独到的见解，深受大家尊重。

相对于林文明，以上三个校长要么是在学历上占优势，要么是在学生考试成绩上占优势，要么就是教育功力已修炼到炉火纯青的境界。为什么林文明能在错位竞争战略发展中捷足先登呢？秘诀就是林文明在别人还没踏出第一步时就登上了执行力的“金字塔”顶端。

林文明既不像那三个校长那样有优势，也没有现成的社会资源，但为什么能脱颖而出，能登上执行力的“金字塔”顶端呢？这其实与林文明在执行方面的看法和做法有关系。林文明知道，执行就是把目标变成行动，用行动创造结果，用结果改变命运。执行力是所有工作实施的前提，如果执行不力或者执行不及时，再伟大的决策也是空中楼阁，毫无意义。就好像很多创业者，晚上想出千条路，第二天还是踩着自行车走原路，原因就是缺乏执行力。没有执行，就谈不上在竞争中获胜。很多企业一直在强调要一流的执行力、二流的思想，就是基于这个道理。没有执行力，再好的想法都是空话。所以，林文明为了登上了执行力的“金字塔”顶端，在竞争中取得优势，做了很多准备。那么，他为登上执行力的“金字塔”顶端用了哪些策略呢？

策略一 明确目标才是硬道理

法国学者哈伯特有句名言说："对于一艘盲目行驶的船来说，所有的风都是逆风!"人生的道路很难一帆风顺，而是处处布满荆棘、充满坎坷，但只要有明确的目标，你就会看到曙光，看到希望。即使前方的风浪再大，只要你执着追求、无怨无悔，就可到达目的地。没有目标的生活，就如没有罗盘的航行，永远也到达不了成功的彼岸。所以，目标就是我们前进的明灯，照亮前进的路，因此，林文明要规划学校的发展，必须要有明确的目标，并能找到为着这一目标共同前进的支持者。在分析林文明这个目标是什么、怎样明确目标之前，我们先了解一下林文明的两位前辈。

执行箴言：没有目标的生活，就如没有罗盘的航行，永远也到达不了成功的彼岸。

第一位前辈自毕业后就一直在S中学任教，而第二位前辈则是从一所乡镇中学调过来的，两人都是能力出众、有想法、做事认真努力的人，因此职位提升得很快。他们做每一件事都尽心尽力，一路走来，目标很明确，信念也非常坚定。林文明到S中学担任校长的时候，他们都已是教导处副主任了。他们的目标是提升学生的学习积极性，让每个学生都树立信心，使他们各自的潜能都得到发展。为了达成这一目标，他们给予学生很多"特权"，比如学生随时可以向老师请教问题，定期听讲专题辅导讲座。同事、家长等对这些做法有不同的看法，尽管备受争议，他们依然坚持着这一目标，因为他们知道有目标才有前进的动力；只有从学生着手，让学生爱上学习，才能使他们主动学习，取得优异成绩。经过一段时间的实践，学生中所谓的"不爱学习的差生"基本上不存在了，虽然不能说每个人都成绩很好，但是至少他们不再讨厌学习，而且对高考充满信心。

下面我们总结一下两位前辈的特点：第一，才能出众；第二，目标明确；第三，善于团结他人。

林文明从他们身上学到了：当一个人没有明确的目标时，自己都不知道该怎么去做，别人也无法帮到你。于是，他明白了做事之前先明确目标才是硬道理。

从林文明提出错位竞争这个想法开始，两位前辈就非常关注这件事情的发展。一方面因为他们都是中层领导，另一方面因为林文明本身的影响力，他们与林文明在错位竞争这一发展目标上达成了共识，认为确立这样的目标后学校的发展潜力是巨大的。

林文明是个处事严谨、执行力强的人，他知道在确定了学校的发展方向之后，进一步规划学校发展的具体细节是极为重要的。首先，他召开全体教职工大会，力求在思想上让全体教职工统一起来，以形成凝聚力；其次，重视两位前辈的意见，集中精力落实体育特色教育；第三，安排体育教师到外校考察、培训，学习别人的先进做法；第四，邀请毕业于北京体育学院、武汉体育学院的校友现身说法，给大家介绍关于体育生招生、备考以及未来发展等知识。此举有效地让师生达成共识，认可了错位竞争发展特色学科这一战略。

一个人做正确的事情，他的行为可以影响身边的人，而这种影响可以产生一种聚合效应。在这种聚合效应下，林文明在师生之中最终明确了发展体育特色班的目标，而这使这一目标在执行过程中变得非常顺利，这就是明确目标、精细规划的作用。

林文明为了增强执行力，首先做的是明确目标，这就确定了学校大致的前进方向，明确了攀登执行力"金字塔"的前行路线。但尽管如此，如果做的准备不够充分，就算目标再明确，发展蓝图规划得再好，也是没有用的。所以，林文明在攀登执行力"金字塔"这条路上，还用了第二种策略。

策略二　执行的关键在于制度

俗话说："不以规矩，不能成方圆。"规矩也就是规章制度，是我们应该遵守的、用来规范我们行为的规则、条文，它保证了工作中的良好秩序，是事业成功的重要保证。制度的功能在于约束和规范行为，但由于行为主体存在个性弱点、能力差异，同时环境的不断变化也对人的行为有所影响，因此制度规范的功能指向往往侧重于帮助人们克服个性弱点、增强其行为能力并助其克服客观环境中不利因素的影响。所以，学校管理制度的确立是执行的关键。在攀登执行力的"金字塔"时，不管目标有多么宏大，方向有多么明确，如果没有制度的保障，那么最终肯定会不了了之。

制度是执行的关键，对于林文明来说，发展体育特色班需要什么制度呢？首先，体育特色班的发展实施方案是必不可少的；其次，要制订奖励措施，这样一来一方面可以减少错位竞争推行的难度，另一方面可以提高教师的积极性和学生的认可度。用《管子》中的话说就是："有道之君，行治修制，先民服也。"因此，制订相应制度是原定方案得以执行的保障。

管理一定要制度化，但制度必须合理合情。其实好的制度并不是盲目制订的，更不是全盘照搬别人的，它要根据实际情况制订而成。

那么，林文明为什么需要在推行错位竞争中制订实施方案和奖励措施呢？无风不起浪，事出必有因。除了以上提到的学校生源问题外，这些方案、措施的制订还与教师的积极性和学生的认可度有很大关系。

执行箴言：好的制度是需要按照实际情况来制订的。

推动学校发展的重要力量不是校长，而是教师，教师才是学校发展的核心资源。学校管理工作千头万绪，关键要做好对教师的管理。很多教师都有极高的工作热情，只要领导善于激励他们，他们就能成为推动教育改革的巨大力量。

新学期伊始，林文明在全体教职工的工作安排会议上表示："本学期，学校是机遇与挑战同在、希望与困难共存的。大家都知道学校当前的现状——生源不理想是无法回避的事实，但是我相信：一所学校的最终成功不是赢在生源的多少或好坏上，而是赢在师生的目标和努力上。学校的发展任重道远，错位竞争将是转折的关键。"面对学校发展的不利因素，林文明领导学校走好关键的一步，努力把握好发展体育特色班这个机遇。对此，林文明胸有成竹。给大家理清了工作思路后，林文明乘势而上，决定开设体育特色班，并希望大家自告奋勇担任这几个班级的班主任。为了更好地实现"体育特色班"的发展目标，林文明还指定专人负责跟进特色班的教学，以及做好学生的思想工作，鼓励学生往体育特长生方向发展。当然，在这关键时刻，其他教师也有责任投入更多的精力去辅导学生。

面对林文明这个错位竞争计划，一些教师觉得推行难度大，一些教师认为这是学校领导的事，不免对此有些敬而远之，这让林文明有些意外。既然没有"勇士"，无奈之下，只好采取任命的方式了，于是林文明挑选了几个体育教学比较出色的教师担任特色班任课教师。

本以为事情就此告一段落，一切工作可以顺利开展了。然而世事难料，林文明陷入了两个意想不到的困境。

首先，虽然班主任和学科组长都推选出来了，但工作的开展并没有设想的那么顺利。他们工作的积极性和参与度都不高，对于这次学校的委以重任，他们好像并没有意识到身上的责任重大，而对于教学、管理，好像在例行公事。即使林文明再三提醒他们，情况也没有得到根本改观。再这样下去，不仅不能帮助学生从迷茫中走出来，还可能导致学校决策的执行达不到预期的效果。

其次，体育特长生普遍都是由于文化课成绩不理想才选择这条路的，而正是这点，让很多教师借故推脱，不愿意给这些班级的学生上课。

林文明一下子从斗志昂扬落到十分为难的境地。但是他知道，这个时候自己不能消沉，也不能强行命令教师去给体育特长生上课，而要激发教师的积极性，启动教师的内驱力，这才是推动学校发展的原动力，而这种原动力的强弱直接影响着执行是否到位。

由于教师的积极性不高，使林文明的决策执行起来充满艰辛。首先，教师不积极主动配合，决策很难执行下去；第二，方案执行中途受挫，挫伤了大家改革的信心。从这两点上说，制订一些制度来提高教师们的工作积极性是很有必要的。我们说，企业成功经营的要素不仅在于它所拥有资源的多寡、领导者的英明与否，很大程度上还取决于其员工工作积极性的高低。学校管理也不例外，具有高度积极性的教职工可以为学校创造意想不到的价值，他们会成为学校最有力的竞争武器之一。积极性是火，可以点燃干柴，也可以融化冰雪，不仅在学校成功运作时可以锦上添花，还可以在学校面临困境时雪中送炭。如果此时能提高教师的积极性，可以使局面转危为安。

古人有云：“仁圣之本，在乎制度而已。”教师积极性不高、做事散漫、推脱责任，都与学校管理制度存在缺陷有很大的关系。学校内部成员不积极不配合，给林文明执行决策带来了很大的影响。管理学上有个说法：守纪律、讲规矩、加强制度建设、规范内部管理是决策执行的关键所在。

林文明对学校发展的定位是扬长避短，错位竞争，但是由于没有教师的配合和支持，学校又刚好处在转折的关键时期，这种想法的实施显得有些举步维艰。况且这时候还有三个强大的竞争者与他角逐：N 中学的校长、Y 中学的校长、X 中学的校长。

为调动教师们的积极性，提高他们的参与度，林文明的两位前辈提出了一些建议。

他们建议制订岗位责任制和考核评估制度，打造“赛马不相马”的竞争机制，尤其是在评先、树优、奖金、提拔、进修等教师比较敏感的问题上，做到没有亲疏远近之分，只按能力、按贡献公平评估，从而最大限度地激发教师的工作热情。只有当教师感到自己的付出与获得平衡了，认为学校做得公平合理时才会心情舒畅，才愿意努力工作，从而在学校形成一种积极进取的氛围。这使林文明认识到：针对学校的实际情况制订相应的制度，刻不容缓。

这里有一个真实的故事。秘鲁动物园为了保护一只其物种濒临灭绝的美洲虎，专门为它建造了虎园，有羊、兔供它享用。奇怪的是，它只吃管理员送来的肉食，常常吃了睡，睡了吃，没有老虎那股凶猛之势。动物学家建议说："虎是林中之王，园里只放一群吃草的小动物，怎么可能引起它的兴趣呢？最好放一些比较凶猛的动物，以激活老虎的野性。"动物园的管理人员采纳了专家的意见，放进了三只豺狗，从此美洲虎精神倍增，时而引颈长啸，时而雄赳赳地满园奔跑。这个故事的本质与管理学中的鲶鱼效应相同，给林文明带来一些启发。调动教师的工作积极性是办好学校的非常重要的因素，林文明决定从建立五种机制入手调动教师的工作积极性。

其一，奖赏激励机制。主要奖励为实现学校目标而努力工作并做出成绩的先进个人，以激励教师努力奋进。奖赏激励包含物质奖赏和精神奖励两种。具体内容：一是建立教师奖励制度，奖励在教育、教学、管理、服务等方面成绩突出的教师。设先进班主任奖、教学进步奖、优秀课奖、先进教研组奖、最佳服务奖等，并在每年教师节时进行颁奖；二是健全教师评优评先制度。坚持标准，依照程序，由下而上逐步推荐并对评选候选人予以公示，广泛听取意见；三是在学校经费紧张的情况下，以精神奖励为主、物质奖励为辅；四是做到公平合理，不意气用事，对人没有亲疏之分，对事没有抑扬之嫌。

其二，参与激励机制。正如杜威所言："在人类所有的冲动中，以'希望成为重要人物'的欲望最为强烈。"所以，学校领导要将学校还给教师，明白教师才是学校的主人，不要把教师看作被管理的对象。管理者要关心他们的成长，关心他们的切身利益，让他们广泛参与到学校日常事务管理和学校大事的讨论和决策中来，保证他们的知情权、参与权；涉及谋福利、评先进、评职称和学校发展等大事时，不能一人说了算，要集体决定，使大家感到管理者对自己的尊重和信任，感到自己也有一定地位和价值，以此增强广大教职工对学校制度的认同感及主人翁意识，从而形成“上下同欲”的局面，使学校工作的开展产生事半功倍的效果。

其三，垂范激励机制。意思就是要领导率先垂范，为教师树立榜样。我们知道，有了领头雁，大雁就能保持“一”字形或“人”字形，从而完成迁徙。“火车跑得快，全靠车头带”，话虽朴拙，道理却深刻，这句话折射出学校管理中校长及领导班子自身模范作用的重要性。作为学校的“掌舵人”和“领头雁”，林文明首先努力做到严于律己、率先垂范，做好引领人的本职工作。在工作中要求教师和学生做到的事，自己一定要先做到。其次，做到事事有章可依、有据可查，领导凭制度说话，教师凭准则做事，依章治校、依章执教，努力形成用规章制度管人管事的管理体制；最后，工作要想做好，不仅在工作前要筹划好，还要深入到过程中去，保证好的方案能真正落实。只有深入基层、深入一线才能及时发现问题并提出解决问题的办法，做出正确的决策。总之唯有领导做出榜样，使自己真正成为师者之首、师者之师、师者之友，广大教师才会心悦诚服，工作时才会积极主动。

其四，赏识激励机制。人性中最本质的愿望就是得到赞赏，他人的赏识与期待能给予人无穷的力量。因此，学校管理者在工作中，要充分发挥“罗森塔尔效应”的作用，不仅要要求教师赏识学生、激励学生，自己也要赏识教师、激励教师。在日常工作中，及时抓住教师的每一点进步和成功做法，给予恰当的评价与褒奖，鼓励教师做最好的自己，让每一位教师都能从校长的目光中读到被认可的信息。当教师感到被欣赏、信任、尊重和期待时，他们就会备受鼓舞，会焕发出极高的工作热情和创造力。

其五，实行公平激励机制，完善教师代表大会制度。林文明不断强化管理的民主意识，认识到教师是学校的主人，要不断完善教师代表大会制度；要制订学校管理章程，切实推行校务公开制度，让教师真正参与学校管理；实行民主决策制，认真听取教师的意见和建议，定期召开教师代表大会，每学期向教师代表做工作报告，并由教师代表大会制订并通过各项规章制度。这样，不仅能增强教师的主人翁意识，还能使校园内的人际关系更加融洽，有利于教师工作积极性的提高。

苏联教育家苏霍姆林斯基曾深有感触地提出：“如果没有全体教师从精神上对我的校长工作的支持，那我在学校里连一天都待不住。”林文明大力贯彻这些制度机制，并以身作则，慢慢地，教师们的工作态度有了明显的改善，不仅积极主动去上体育特色班的课，而且为了营造热爱体育的氛围，积极配合领导，成立了教职工足球队、篮球队等体育活动小组。没过多久，林文明错位竞争方案的执行已有了较大进展，学校的体育特色班也慢慢步入了正轨。

但是，有了明确的目标和相应的制度，执行就一定会一帆风顺吗？人生总有许多巧合，生活中总有许多意外。

古人说：“天将降大任于斯人也，必先苦其心志，劳其筋骨，饿其体肤，空乏其身，行拂乱其所为，所以动心忍性，增益其所不能。”林文明攀登执行力的“金字塔”，虽然有了明确的目标，利用制度提高了学校教职工的工作积极性，但这并不能保证他一定能率先登上执行力“金字塔”的顶端。为了增加成功的机率，林文明还使用了第三个策略。

策略三　打开“金字塔”之门靠方法

英国学者贝尔纳说：“良好的方法能使我们更好地发挥天赋的才能，而拙劣的方法则可能妨碍才能的发挥。”我们都知道田忌赛马的故事，为什么田忌在自己每个等级的马都比齐威王的弱一些的情况下还能扭转局势，反败为胜呢？那是因为他找到了方法，他用自己的下等马对齐威王的上等马，用上等马对对方的中等马，再用中等马对对方的下等马。

有人说，找对了方法就等于成功了一半。所以说林文明能否成功打开“金字塔”之门与其采用的方法有很大的关系。

我们先告诉大家，在执行过程中需要采用的方法主要有三个。

第一是坦诚相待。人最需要的是什么？尊重。古来成大事者都能够尊重他人，对人以诚相待。刘邦就有这么个优点。张良、韩信、陈平这些人，如果有什么问题就跟刘邦谈，他们提出的问题，哪怕是有损刘邦威严的，刘邦也会全部如实回答，绝不说假话。同在一个团队里，你只有对下属坦诚，并适时给予其人文关怀，下属才会心甘情愿为你“打江山”。

第二是论功行赏。用人时，首先要信任他、尊重他，同时在他表现出色时应该给予相应的奖励，因为奖励是对一个人的付出的肯定。有付出就能得到奖励。而且奖励要合适——确实是工作做得好、贡献大的，就要奖；做得差的，不奖，甚至罚，要做到赏罚分明。就像诸葛长青说的：“谁不愿意得到奖赏？敢于奖，就能成就大事业！就能得人心！”一个团队不仅需要能取得“好结果”的业务明星，还需要在执行过程中做得出色的榜样，要褒扬他们并在团队中分享他们的经验。

第三是互相监督。在管理中，牵制与制衡各个部门及区域分支机构是必要的，层次分明及权限清晰的授权机制、利益分配机制正是提升执行力的有效武器。要在基层中选拔和培养一批专注于执行细节的监督者，他们会成为我们执行的“保安”。

林文明拥有很强的执行力，坚持“只为成功找方法，不为失败找借口”的做事原则。他的基本工作方式就是多下基层，多听取大家的意见，与人坦诚友善交往，相信方法总比困难多。

林文明的执行风格，往往会被很多人误以为是软弱，没有威严。他为人友善，善于听取下属的意见，但与此同时，有些下属又会以此质疑他的决策能力，甚至怀疑他有没有自己的想法。在林文明执行任务的过程中，就有下属公开地、理直气壮地打了退堂鼓。

林文明针对学校存在的问题召开了一次行政扩大会议，与会人员就如何提高教学质量、如何更快更好地发展体育特色班展开了热烈讨论。有人认为，学校教育质量之所以难以提高，主要是因为生源太差，招收的学生都是其他学校挑剩下来的，这样的学生缺乏学习积极性；有人觉得，学校创收无门，教师福利待遇太差，教师没有工作积极性，这是学校教育质量难以提高的主要原因。

此时，一个教师站起来说："生源差本身就是个大问题，不管你做什么，学生的成绩也不可能提升很多，因为他们根本就不爱学习。就如木桶效应，我们的短板太短了，不管学校提出多高明的发展策略来提高教学质量，我们想与其他学校竞争，还是显得有些自不量力。"他对林文明的决策总是一副很不以为然的样子，工作也不积极。

我们都说，一把钥匙开一把锁。锁就像是一个问题，钥匙就是一个答案；这个世界有一个问题，那么就一定会有解决这个问题的方法存在。"一把钥匙开一把锁"是指具体问题具体分析。所以，林文明要打开"金字塔"之门，一定要找对"钥匙"。这把钥匙就是以理服人，讲一次道理不行就讲两次、三次。一个例子不能使众人信服时就举两个、三个例子。

其实，在当时的情况下，有人站出来反对也不是没有理由的，先不论林文明的决策正确与否，单凭生源不理想来看，也会有人理直气壮地以此为由打退堂鼓。但是经过林文明的反复分析、解释，再结合当时学校的现状，让大家认识到错位竞争无疑是促进学校发展的一个上上策，让原来反对的教师最心服口服，对其表示认可。

就在大家还在惊叹于林文明的说服他人的能力之时，林文明很巧妙地把话题引回学校发展的问题上：虽然我们目前看似处于相对弱势的地位，但在结局还没定之前，我们只要找到合适的方法，就一定能扭转局势。而现在，生源问题我们无法改变，所以错位竞争就是我们反败为胜的筹码。

学校在办学过程中确实存在很多不利条件，比如生源较差、资金不足、教师和学生的积极性不高等，作为学校管理者的林文明不仅努力寻找学校的特色发展之路，发现和创造优势来弥补这些不足，还认真学习先进的办学理念和优秀的办学经验，以调动广大教职员工的工作积极性，同时听取他们的意见和建议，和大家一起把错位竞争发展引入了正途。

与此同时，林文明凭借自身智慧和强大的执行力在学校树立了威望，最终能登上执行力"金字塔"的顶端，也是众望所归。

执行箴言：凡事预则立，不预则废。

“凡事预则立，不预则废。”现代管理离不开忧患意识，在市场竞争的大环境下，没有忧患意识的企业是可悲的，学校管理也不例外。作为学校领导者，不仅要有目标、有制度、有方法，能在事前做好准备，还要在任何时候都不能掉以轻心，要加强管理，提高应变能力，在问题出现时，把握执行力的“四条金规”，提高预防和应对重大危机的管理水平，以防患于未然。那么，这四条“金规”是什么呢？

第五章

掌握执行力的四条“金规”

“三分战略，七分执行。”执行力在学校发展中起着举足轻重的作用，是校长必不可少的一种能力。它表现在两个方面：第一，执行力是校长完成工作的核心能力；第二，执行力是促进学校发展的重要因素之一。另外，要注意执行时要遵循往上看不负于上级，往下看有益于单位的原则，如果总是看自己的得失，无论做什么都不会使人信服。所以要清楚自己的位置，认认真真干好事情，才能真正被认可。

人们常说“在其位，谋其政”，既然坐在了这个位置上，就得担负起相应的责任，好好做事。当年，林文明在G中学当教务处副主任时，协助副校长管理全校的教学工作。G中学是重点学校，或许是为了求稳求妥，教师的教学工作缺少激情。林文明带队到深圳考察学习，发现当地一些学校的教学工作有很明确的分工，各项工作都安排得井井有条，他无比佩服，同时感到自己有很大的压力。

那时，中国刚开始提倡素质教育，社会各界对素质教育的呼声不断，“素质教育”在当时是一个名副其实的“热词”。时任国家教委主任朱开轩同志指出：素质教育从本质上说是以提高全民族素质为宗旨的教育。素质教育是为实现教育方针而规定的目标，着眼于受教育群体和社会长远发展的要求，以面向全体学生、全面提高学生的基本素质为根本目的，以注重开发受教育者的潜能、促进受教育者德智体诸方面生动活泼地发展为基本特征的教育。也就是说，素质教育要面向全体学生，而不是面向少数学生；要促进学生全面发展，而不是让学生单纯应付考试；要培养学生的自主学习能力和自我发展能力，而不是让学生被动地、机械地接受知识。

那时，恰逢他们学校所在的区进行一年一度的中学优质课比赛活动，林文明通过观察发现，虽然参赛教师在讲台上讲得眉飞色舞，但是台下的学生无精打采。林文明很纳闷，秉着对教学工作的一份责任心，他开始反思学校的教学工作到底出现了什么问题，并把疑惑向副校长说明。副校长觉得林文明说得很有道理，便把制订学校素质教育改革方案的任务交给了他。

林文明一共花了3个月的时间进行调查研究，最后拿出改革方案，方案得到了大多数领导的肯定，而后来的实施效果也充分验证了这个方案的正确性。

当然，林文明为这个方案付出了大量的心血。他努力收集资料；学习文件资料，反复研习，抄写笔记；认真细致地做调研，统计分析材料；采访骨干教师，召开座谈会、讨论会。正是凭借认真、不辞劳苦、不计较付出、敢于挑战的精神头，才最终完成任务，取得成功。

更为可贵的是，林文明对此自始至终不张扬，只是默默付出，坚持低调做人、高调做事的风格，因而深受大家的赞赏。

人们常说，能干的人更应该低调做人，高调做事，就是说在做人的姿态、行为、言辞、风格上要低调、谦卑和大度，在做事的思想、细节上要高调、认真。三国时期曹丕的“太子四友”之一吴质颇有聪明才智，曾经为曹丕献计，得到过曹丕的重用。但是这个人得志后开始狂妄自大，谁都看不起，还侮辱过曹真和朱铄两位将军。后来曹氏宗族矛盾激烈，而吴质出身寒门又无军功，最后不再受曹丕的重用。这个是典型的关于低调做人、高调做事的反例。

我们也见过一些年轻人，才智过人，能力不凡，但是在工作中以居高临下的、傲慢的态度做事，好大喜功，不会顾及他人和集体利益，一味固执己见，偏行己路。尽管有人劝他做人要低调，收敛自己的行为，但他依旧性情乖张，自认为比别人厉害，结果只会惹得上级对他不满意，周围的人排斥他。

我们处在一个快速发展的时代，有时候面对一堆繁杂的任务，有些人会采取草草了事、匆匆应付的态度，表面上看是做事有效率，其实是在自欺欺人，不是在真正高效做事，在态度、思想、方式上没有为高效做事做好准备。作为校长，要对自己的职位负责，当你真正面对诸多繁杂之事时，不妨先静下来，再细细理清事情的头绪，什么该做，什么不该做，应该怎么做才妥当，都一丝不苟地筹划好。我们说执行要雷厉风行，但做事更需要的是态度、思想、方式方面的高度觉悟，而不是在你雷厉风行做事的时候把自己的姿态放高了。

执行箴言：我们说执行要雷厉风行，但做事更需要的是态度、思想、方式方面的高度觉悟，而不是在你雷厉风行做事的时候把自己的姿态放高了。

林文明在这方面做得很好，既有强大的执行能力，也有积极做事的态度。他在执行方面，不论是态度还是方法，都是科学而有依据的，如此一来，做起事来就有条不紊，令人敬佩。

在现今激烈的职场竞争中，低调做人、高调做事是赢得机会的重要法宝，越是身居要职，越要做事谨慎，否则会失去同事对你的信任。工作中，想要完成一些任务，靠高调做事是远远不够的。

我们还要从如下四条“金规”中，总结于一些关于提高执行力的方法。

金规一　重团结，忌松散

人们说“人心齐，泰山移”“众人拾柴火焰高”。如果孑然一身、单枪匹马做事，其效果未必会好，甚至会事与愿违。不是团队作战，就难获得有力的支持。所以，中国人特别注重“人和”，注重团结合作，注重在做事时要发挥集体的优势，使大家团结一致、同心同德地前进。讲究团结合作是林文明做事的最大特点。

执行箴言：如果孑然一身、单枪匹马做事，其效果未必会好，甚至会事与愿违。不能团队作战，就难获得有力的支持。

S中学现有邓、黄、单三位副校长，三位副校长做事情不骄不躁，注重团队合作，号称学校的“三驾马车”。在林文明赴江苏培训班学习一个月的时间里，在三位副校长的带领下，学校教职工团结合作，积极完成各项任务，受到教育局的大力表扬。正是因为团结，学校才能在林文明不在的期间正常运转，而且各项工作都做得很好，这就体现了学校领导们高度负责的态度和团结协作的精神。林文明赴江苏学习的时间里，学校里发生的几件事让他印象深刻。

第一件事，林文明出差时，正好是学校参与广东省依法治校示范校评估的时间，此事由黄副校长分管，他要负责这次评估的整体工作。黄副校长制订了方案，中层干部马上细致分工，抓住时间节点，把工作分步落实下去，整个工作进程井然有序，最后获得评估小组很高的评价。黄副校长在制订示范学校评估方案的过程中遵守的原则是多听大家的意见，遇到问题就召开会议与大家一起商量，借助团队的力量，凭借团队的执行力，出色地完成了任务。

第二件事，林文明出差期间正好赶上学校运动会的举行，此事由单副校长负责。往年运动会的举行最多只在校内进行宣传，而今年单副校长进行了大改革，邀请了电视台摄制组到校进行实时跟踪拍摄，同时邀请了教育局、体育局等相关人员莅临指导。当然运动会的成功举办也离不开团队的协作，因为运动会不是一个人的事，需要校级中层干部的分工合作以及全校师生的积极参与。在举行运动会期间，市电视台的记者对学校的运动会进行航拍，运动会的场面非常壮观，获得教育局、体育局领导以及来校观看的群众的赞许。运动会的成功举行离不开单副校长的有序组织，更离不开学校各部门的精诚合作。正是大家发挥了团队执行力的作用，才能如此成功地举办了这次校运会。

第三件事，林文明出差期间，学校教师参加“高效课堂”比赛并取得优异成绩。这项工作是由邓副校长负责的，他工作认真细致，教师也认真配合，尤其是各学科组教师团结互助，一起备课、试讲，反复修改教案，提高讲课水平，最终取得了历史性的突破——各学科组的参赛者都取得了优异的成绩。

他们的执行能力，体现在他们通过团结的精神、合作的态度，最终取得成功上。林文明很信任大家，并且很赞赏大家这种尽心尽责、团结合作的做法。其实一个容易产生矛盾的集体，也很容易造成诸事的失败，而三位副校长都很懂得如何处理好学校的各种矛盾，能够聚集团队的力量，发挥团队执行力的作用，很值得赞赏。

我们总结他们执行力的特点：一是尽心尽责，二是群策群力。

林文明更是懂得根据三位副校长对事务处理的态度、方法，充分发挥他们的优势。林文明担任S中学校长不久后，就接到上级指示，要求建设

S中学的文化环境，建设安全文明校园。学校的文化环境建设不仅需要校长制订出合理的方案，更需要师生的合作，需要学校每一个成员的努力。林文明找来三位副校长进行商量，以制订出合理有效的方案。四人很快就达成了一致的意见，方案的推广也获得了大家的支持。

其实，三位副校长经常琢磨教风和学风等方面的建设问题，并且已获得一些实效。S中学以前的教风、学风差强人意，林文明担任校长后，在三位得力副手的帮助下，对学校加以整顿，使学校慢慢成为一所特色学校。这告诉我们一个道理：一人难挑千斤担，众人能移万座山。

林文明一开始就把握住了校园文化环境建设的关键，他把大家聚在一起，合力完成各项任务；同时召开动员大会，广泛收集师生的意见，希望团结一切力量打好这次“文化战”。

林文明做事重团结，不独断专行，这就保证了他在关键时刻能团结队伍，发挥团队的执行力。不过虽然决策民主非常有利于收集群众的意见，但如果过于注重集体的意见，任由大家发表并坚持各自的意见，就会出现事情商议得没完没了的局面，导致无法收集重要的信息，违背了民主议事的初衷，做事效率也就很低下了。所以，管理者在指导下属执行时，对于民主决策这一办法的使用，也要把握好度。

金规二　立公心，去私念

所谓“以人为鉴，可以明得失”。那么林文明以谁为鉴呢？在S中学的高层领导班子里，有一位党支部书记、三位副校长，他们各有所长。以前，副校长都是从中层领导里面提拔出来的或是直接由上级指派的，而单副校长是由教育局招贤纳士，然后委任过来的。因为单副校长在办学理念上有自己的独特见解，所以受到教育局的重视。单副校长上任一年之后，对学校的各方业务已非常熟悉，做起事来也是得心应手，林文明对他赞誉有加，把单副校长当成他的得力助手。新课改在不断深化进行中，林文明根据本区的情况提出相应的课改主张，并经常听取单副校长的意见。单副校长不仅在课改方面有自己的真知灼见，而且在教育政策的执行方面也起到带头作用，这里举一个例子。

有一次，市教育局想调查县、区中学的办学情况，林文明对此有点担忧，便和单副校长商量如何迎接调查。单副校长说："事实胜于雄辩，既然您在工作上取得了不少成就，那我们把这些教育成果展示出来就行了，可以让调查组参观我们的展览厅，我们重点介绍一些突出成果。至于成果总结，您可以先写一份报告，等他们来时就讲解给他们听，最后如果他们有需要，给他们带回去看详细的部分就行了。"林文明按照这个方法去行动，不仅获得了市教育局调查组领导的赞赏和认同，他们还建议把S中学的经验向其他区推行。

单副校长的这个方法叫作"实话实说，把细节做好"。我们都知道，向上级述职的时候，要把自己做得最优秀、最成功的成果展示出来，如此才会得到上级的认可。汇报展示成果的时候，态度要真诚、谦虚。对未来的工作计划更是要以书面形式呈现，并把工作细节都写进去，但不要夸夸其谈。单副校长在向林文明提出应对上级调查的措施时，就考虑到了这些。

执行箴言：汇报展示成果的时候，态度要真诚、谦逊，面对上级时最基本的态度就是尊重和谦逊。

单副校长执行力强，做事认真负责，成绩突出。上任的第二年，他制订了整治学风活动的方案，方案实施后，取得了极好的成效。其实，林文明看重单副校长的不仅是他的执行力强，更在于他的公而忘私精神。这一点单副校长与林文明有相似之处。

有些人一旦得志，就容易狂妄，以为拥有了权力就可以为所欲为，做事不懂分寸，私欲膨胀。在任重道远的管理岗位上，这种性格的人很容易失败，因为他一旦做出违背公心的事情，就无法使他人信服。一个人如能做到立公心，去私念，就是一个境界高、胸怀广的人。“君子坦荡荡，小人长戚戚。”意思是君子心胸宽广，能够包容别人；小人爱斤斤计较，心胸狭窄。君子之道当以修身为要，修身是“修”自己，而不是“修”别人，把自己“修”得像一块海绵一样可以容下一切困难、阻力、障碍，这就是修得君子之道了。容忍力越高，容纳力越强，修炼的境界也越高。

从教学楼建设这件事来说，当时教学楼在前任校长任职期间已经基本建设好了，但是水电、防雷等后期工作还没有完善，所以教学楼一直没有投入使用。林文明上任后，和建筑公司协调，在逐步退还押金的前提下，把教学楼的后期工作完成，使其能早日投入使用。当时对退还押金这件事有一些领导表示反对，担心对方一旦违约，决策者要负责任，但是林文明一心为学校，没有私心杂念，决策才不受影响，最终成功。

立公心，去私欲，是一位优秀校长执行中要遵循的金科玉律之一。管理者千万不要以权谋私，贪图便利，一有权有势就目中无人，这是很为人所不齿的，执行某些任务时也肯定会因此受挫。

金规三　尊客观，避主观

古书里有一段记载，讲孔子周游列国时，和弟子旅途困顿，三餐以野菜果腹，大家已七日没吃到一粒米了。一天，颜回好不容易要到了一些白米来煮饭。饭快煮熟时，孔子看到颜回掀起锅盖，抓些白饭往嘴里塞。孔子当时装作没看见，也不去责问。饭煮好后，颜回请孔子进食，孔子若有所思地说：“我刚才梦到祖先来找我，我想把干净的还没人吃过的米饭拿来祭祖先。”颜回顿时慌张地说道：“不可以，这锅饭我已先吃一口了，不可以祭祖先了。”孔子问：“为什么？”颜回涨红脸，嗫嚅地说：“刚才在煮饭时，不小心掉了些柴灰在锅里，把弄脏的米饭丢掉太可惜，我就抓起来吃掉了。”孔子听了，恍然大悟，因自己对颜回产生误解而愧疚不已。这告诉我们逢事应从各个角度来认识和辨知，有时我们主观了解观察到的只是真相的千分之一而已，所以，我们做事要“尊客观，避主观”。

前不久发生一件事故，某高校教师开小汽车进校，不小心撞死了学生。这件事让林文明开始反思校内停放小汽车是否合理的问题。林文明找来了单副校长商讨如何解决校园内教职工乱停放汽车的问题。单副校长认为，教职工把汽车停放在校园是客观现实，但是从主观上看，师生需要一些停车的空间，就建议林文明召开一个会议讨论制订校园管理制度。最后，大家决定把一块地方划出来给教师停放汽车。这样一来，既解决了教师停放汽车的问题，又让学生的活动空间得到了安全保障。

林文明尊重客观现实行事的风格，还体现在他对待学生跑操的态度上。学生跑操看似一件很小的事情，但是意义重大。那时正值炎夏，蝉声阵阵，师生都挥汗如雨，有学生就向林文明提出：“校长，我们想停止课间的跑操活动。”当时，天气很炎热，很多学生不想跑操，也常有学生出现中暑的现象。林文明经过调查发现，虽然跑操规定从未被破坏过，但学生的建议确实很有道理。于是林文明让办公室马上通知各班级把课间跑操活动改为做体操。直接剥夺学生的运动机会是不合理的，但把跑操改为做体操，一方面依然能使学生得到锻炼，另一方面避免了让学生在炎夏剧烈运动。这就叫作“坚持把握事物的客观实际”，就是解决问题，要从客观实际出发，尊重客观实际，这一点很重要。

学生向校长反映意见，因为意见中的问题与他们的学习生活有关。在这种情况下，学生信任你，对你有期待，作为校长，最好能客观、求真，秉着一颗实事求是的心去解决问题，越是客观求真，事情办得越顺利。人们要想在工作上取得胜利或达到预想的效果，一定要使自己的思想合于客观规律，否则就会失败。到底如何做到实事求是，这就需要实践，需要真正到基层去。

这就是林文明的执行“金规”：在执行决策时，做到立足现实，客观办事，不主观臆断，不狂妄自大。

在执行任务时，任务的矛盾所在，正是解决问题的关键。我们要先找出问题的关键，以实际情况为依据，实事求是地制订解决方案，只有这样才能解决问题。若只是仰望星空而不脚踏实地，执行起来就要走很多弯路。林文明深知此理，由于懂得客观地处理事务，林文明在执行中效率很高，办事一般都能成功。那么，为了更好地提高办事能力，我们如何做到实事求是，客观求真呢？

我们应注意从多方面提高自己，如净化心灵、追求真理；博学强识、善于思考；加强监督、减少假象；广纳善言、增添活力。这些都是尊重客观现实，避免主观臆断的基本方法。

什么叫作“净化心灵、追求真实”呢？就是首先要对自己真诚、坦然，回归自我，只有以真诚的态度去学习，才能收获很多有用的知识；用真诚的态度生活，我们的人生一定比别人快乐得多。求真求实的原则本身也包含着净化自己的心灵、摆脱名利羁绊、追求真实自我的要求，这也是实事求是的重要要求。

什么叫作“博学强识、善于思考”呢？探寻真理的过程离不开科学知识，很多人因为自己知识匮乏而不能做到实事求是。要做到实事求是，一方面要博览群书，建立尽可能完整的知识体系，形成自己的思想，把科学思想当作认识世界的工具；另一方面要学以致用，勤于实践，善于思考，能变通思维。

什么叫作“加强监督、减少假象”呢？利益诱惑是使人们改变初衷，导致人们没有办法追求真相的一个非常重大的原因，一个人做什么、说什么、怎么做，跟他的价值观念是分不开的。因此要健全监督体系，如林文明为整顿学风而组建工作小组，借助大家的监督力量去探寻问题的真相，找到解决问题的方法。

什么叫作“广纳善言，增添活力”呢？在权力的威慑下，很多人不敢实事求是。所以，执行任务时管理者应听取多方意见，了解实情，鼓励每个人都说真话、做实事。

金规四　宜果断，勿寡断

2012年，林文明就任S中学校长一职之前，当时的校领导曾处理了一件学生意外受伤的事件，结果家长很不满意，与学校产生了矛盾。林文明上任后便接手处理这个问题，并按自己的方式来解决它。

具体事情是这样的：有几个学生夜里攀爬学校的围墙外出，一人在翻越围墙时摔断了腿，学校把学生送入医院治疗，一个月后学生基本康复。但是家长不满意这样的处理，他们认为医药费花了五六万元，学校应该予以赔偿。校方认为学生私自爬墙逃学，违反校规，且意外发生在校外，与学校无关，况且学生购买过意外保险，学校不再负责赔偿事宜。

林文明说，学校不能不考虑家长的意见，事情再拖下去，可能会引发更大的矛盾。林文明请家长到办公室商谈如何解决问题，他为家长提供了两个解决方案：一是告诉家长可以通过法律途径状告学校，并把一份与之相关的法律文件给家长；二是让学校发起捐助活动，帮助他们筹集医疗费用。最后，家长选择了第二种方式，矛盾得以平息。

事情得到妥当解决，教育局局长赞赏地问林文明："你怎么想到这样处理这件事的？"林文明说："我私下打听了这位学生家长平时的作风，大家对他的评价不太好，就推测他一直纠缠无非是想多得到一些赔偿，我们不能纵容这样的行为。但出于同情，我们可以通过捐助方式对学生进行帮助。家长也退一步，就接受了第二种解决方案。"说到这里，林文明说了一句特别有道理的话："当断则断，不断反受其乱。"

在这件事上，大家对林文明的做法是赞同的，这是解决突发事件的良方，叫作"疑行无成，疑事无功"。从中我们可以总结出四个技巧。当我们面对突发事件或是非常难解决的事件，比如，学校的工作总是拖延无期的时候，就可用到这四剂"良方"。

第一剂，理清思路，抓主要矛盾。遇事先分析，引发事情的祸端往往是解决问题的关键，我们不能只看一隅，还得分析事情的原委。

第二剂，要耐心，更细心。粗心大意会导致判断失误，情绪急躁会妨碍理性判断。只有平心静气，远离急躁情绪，方能正确判断事情。

第三剂，学习经验，积累知识。判断力不是与生俱来的，而应从书本、从生活中学习得来。从别人的经验中学习，有助于提高自己的判断力。

第四剂，了解自己，虚心求教。人贵在有自知之明，了解真实的自己，了解自己内心的想法，若是自己做不到的，就得请教别人，通过别人的帮助来提高自己的执行效率。

林文明做到了以上这几点，所以在执行中就能得心应手。大家看到了林文明执行力的强大，也越来越敬佩和信服他，而这些解决问题的过程，也为他以后成为卓越校长积累了宝贵的经验。

第六章

跳出执行力的误区

人做事时，难免会出于这样或那样的原因走进一些误区，也常常会有人“跳进”执行的误区，如果不尽快采取行动，就可能造成严重的损失。那么，林文明在执行中，怎么避免走进这些误区的呢？

说到执行力的误区，我们要先谈谈“平衡理论”。就以择偶为例，初涉情场的年轻人极易跨入某些误区，使得幻想中的美好爱情生活不能得以实现。男女双方一旦对对方有好感，会在交往的前期做好尽可能地了解对方的功课，其中包括对对方的性格、喜好、习性等各个方面的了解。其直接目的是利用所获信息进一步提高与对方各个方面的契合度，从而获取对方的欢心。这本是一个有助于与对方亲近的方法，但一旦其中一方为了获取对方的欢心而曲意迎合对方，使得对方相信两人十分投缘，并坚定了对这份感情的信心，而在接下来的相处阶段，又发现原本认为的彼此的意趣相投不过是一方故意而为之，是一种虚假的表象，矛盾也就因此产生了。

从人际交往的角度而言，可以用“平衡理论”对此加以解释。情感上的所谓“平衡理论”，是指人们之间关系的协调、平衡状态，即因两人看法一致而引起或加强两人间的积极情感；相反地，两人看法不一致则可以引起或加强两人间的消极情感，从而导致两人情感出现不平衡状态，爆发矛盾冲突。

如今大多数岗位的人员招聘都需要经过面试这一道程序，许多求职者为了应聘成功都会在面试之前做好准备工作。这其中最为普遍且重要的一项准备工作就是了解雇主的喜好、清楚雇主想要雇用怎样的职员。大家想想，面试前为什么要了解雇主的喜好？了解雇主的喜好对面试成功到底有什么帮助？通过一系列的相关研究，我们发现，同等条件下，提前了解雇主的需求再来进行面试的求职者，他们的表现均比没有提前去了解相关情况的求职者出色，也更有机会获得雇主的青睐。这就是“平衡理论”的作用，就是说提前了解雇主喜好的求职者能根据雇主的喜好表现自己，而雇主看到符合自己喜好且与自己的想法相近的人都会产生一种亲切感和认同感。这就是我们平时所说的“投其所好”。当你的表现符合他人的喜好、想法也与他人的想法相似时，就会使他人产生亲近你的想法，也会让他人更认可你。

对于上述情况，面试官的正确做法是不应仅凭一时的好感或与求职者在某些意见上产生共鸣就对其赞赏有加，这样很容易忽略求职者身上的缺点与不足。黄金无足色，白璧有微瑕。每位求职者都不可能是完美的人，但如果面试官只是看到对方的某些优点就对其青睐有加，决定取用他，那么该求职者身上的不足就极有可能影响他就职后在工作中的表现。所以在人才的选用上，掌握最终决定权的领导者更要慎重，如被求职者所设定的“虚伪靠近”这一招所迷惑，就会在人才选用上看走眼。

在职场中，我们也会遇到类似的情况，有些下属在了解了上级领导的喜好与想法后，主动投其所好，迎合上级领导的所思所想，从而使上级领导产生一种错觉，觉得此人的思维与自己的想法处处契合，从而在工作方面对其充分信任，提携有加，结果当问题出现时，才发现用人不当，但此时已悔之晚矣。

从“平衡理论”相关的种种表现中，我们不难发现陷入“虚伪靠近”这一误区的求职者身上通常具备以下两种特质：一是求胜心太强，二是只注重做表面功夫却不干实事。这种人常会不惜一切代价以达到自己的目的。

真正的进取心是一种不满足于现状、奋力执着前行的积极心态，内含昂扬向上、发奋图强、不断自我扬弃、勇于迎接挑战的精神追求。俗话说：不想当将军的士兵不是好士兵。一个人如果没有进取心，他的生活状态乃至精神状态都会萎靡不振，人生也得不到进步。但任何事物的存在与发展都要秉承适度的原则，不能走极端，进取心亦是如此。适度的进取心是我们成功路上必不可少的基石，可进取心太强则容易导致一个人不懂得适可而止甚至会发展到贪得无厌、不择手段的地步。我们不能有过强的“进取心”，为了获得好职位、高利益或是对方的青睐而放弃做人最基本的原则和底线是万万不可的。

执行箴言：即便在你迫切想要成功的时候，也要保持适度的原则。我们不能让自己过强的“进取心”诱导自己偏离做人的方向。

所谓注重做表面功夫，不干实事，指的是一些人没有遵循实事求是的原则，把主要的精力都花在伪装自己上，而没有一步一步脚踏实地地朝着目标前进，这样的人注定不能做出一些成绩来。唯有踏踏实实干实事，才能真真正正出实效。如果摒弃干实事这一做事原则，一味注重表面功夫，最后的结果只会适得其反。因此，我们要时刻谨记：不管对成功的期望有多迫切，都要踏踏实实做人，认认真真做事，避免空想、泛谈及对自己的过度伪装，否则只会与成功的距离越来越远。

真正成功的人都是踏踏实实、一步一个脚印去奋斗进取的。越是愿意踏踏实实干实事的人，越能懂得成功的真谛，而这样的人堪称是真正的智者。

人们做事时，难免会由于这样或那样的原因走进一些误区，也常常会有人跳进执行的误区，如果不尽快采取行动，就可能酿成严重的过失。作为校长，有什么巧妙的策略可以跳出易进的误区呢？

俗话说："聪明一世，糊涂一时。"一个人在执行任务时难免走进误区，而在面对这种状况时，没有坚定信念的人往往容易陷入其中而不能自拔。唱独角戏、袖手旁观、抓小放大，都是执行中人们常常容易陷入的误区。

执行箴言：有才能确实是值得肯定的，但是一味地只顾做表面功夫而没有实实在在地去执行任务、发挥才能就不是什么值得炫耀的事了。只注重表面功夫不干实事这种行为，说小了是搞形式主义，说大了是欺骗他人，应予于坚决抵制。

误区一　校长唱独角戏

如果校长在工作中只是一个人在唱独角戏，学校的其他职工对学校事务的参与热情就会不高。这不仅会大大降低他们工作的积极性，而且会使得他们对各项活动的执行产生懈怠心理。林文明认为，对一所学校的发展而言，校长唱独角戏是一件十分不利且会让学校各项工作停滞不前的事。首先，一个人的力量毕竟是有限的，如果校长独自安排各项事务，必将导致决策不够完善，降低决策的科学性；其次，校长唱独角戏客观上是对教师这一主体的忽视，这会使得教师大大降低存在感并无法对校长的决策产生共鸣，这样必定会降低执行的效率。因此，林文明对唱独角戏这一做法是极为不认同的。接下来我们不妨看看林文明对于避免跳入“校长唱独角戏”这一误区有什么妙招。

与唱独角戏这一做法截然不同的是，林文明具有注重团队作战的意识，另外，他的协调能力也很强。林文明在与学校相关的各项活动的执行过程中积极地与教师们进行沟通并协调各方关系，尽自己所能让更多教职工了解自己的执行意图，指明执行的方向，从而使目标明确，使大家的步履一致。

为了使大家更为清晰地了解林文明如何跳出唱独角戏的误区、坚持团体作战的理念，我们来举几个简单的事例。

对教师而言，每一学期课程的安排都是十分重要的事，这关乎一门课程的教学进度以及教师如何科学地安排工作内容。因此，作为校长的林文明对于排课这件事不敢有丝毫的大意。在排课之前，他会召开行政会议，主动与各部门进行沟通，深入了解大家对排课的想法，认认真真地征求大家的建议，然后拟出排课的几个原则，再由教务处具体安排。林文明的这一做法避免了排课时出现闭门造车的情况，赢得了大多数人的认可。另外，每次高考备考模拟测试后，林文明都会举行分析会议。在会议上，林文明并不单纯看重每次成绩在全市学校中的排名，而是请各位教师总结经验，寻找有哪些可提高的地方。在会议前，林文明会与拟发言教师积极沟通，让他们充分准备好发言，以保证会议顺利进行。

而林文明所领导的学校正是按照上述一些方式运行，俨然形成了井然有序、有条不紊的工作系统。林文明是一位不可多得的兼具领导意识与领导才能的校长，在他的指挥下，学校领导班子对全体教职工都进行了细致的分工。

自然界中蚂蚁的分工也是如此，蚁窝中蚁后具有生育能力，负责蚂蚁队伍的扩展、壮大，而且一个蚁巢通常只有一只蚁后。因此，在蚂蚁家族里，蚁后主要负责生育；雄蚁主要负责为蚁后授精；工蚁主要负责寻找食物，小部分负责战斗；兵蚁则负责防御工作，保护蚁巢。正是具备这样一系列井然有序的分工措施，看似微不足道的蚂蚁也能凭借团结的力量过着安稳的生活并繁衍后代。所以我们特别强调，团队力量在生活及工作中都是十分重要、不可缺少的，“人心齐，泰山移”，团队成员应该拥有共同的信念与目标。林文明所带领的领导班子秉持着同一个信念，朝着同一个方向努力，这种合力所散发出的威力绝对不容小觑。

对于组建团队，林文明认为，既然大家在同一个地方工作，都希望学校朝着更美好的目标发展，就应该携起手来，发挥“众人拾柴火焰高”的作用。在一个集体中，如果大家没有团体意识，只有领导一人在唱独角戏，这个集体就会如同一盘散沙，其力量是极为有限的。而林文明的以上做法恰恰使得学校工作的分工明确而有序，校内职工坚守“在其位，谋其政”的原则，校内各项事务也都一一交给主要负责人，工作效率得以显著提升，各岗位上的职工的执行能力也随之大大增强。林文明所秉持的团队合作的执行理念，为这个学校的建设注入了源源不断的生命活力。

误区二　他人执行，自己旁观

如上所言，林文明在担任校长一职的初期依靠大家通力合作，不但没有进入工作时校长唱独角戏这一误区，而且使学校团队提高了执行效率。当校长的时间长了，积累了一些经验，于是林文明选择了一些大胆的“无为”的管理办法。

有一年，学校布置高考考场，具体工作包括考场人员安排、考场布置、考场监控设备安装等工作。这些工作烦琐无比，但每一项都关系重大，稍不注意就会产生严重后果，因此必须确保万无一失。但林文明对此没有给予足够的重视，结果临近考试了，才发现考场布置不规范，监控设备出现问题，这些都会严重地影响考场秩序，他这才急忙去处理。这次事件对学校的影响很不好，受到了上级领导的严厉批评。

这一次，林文明陷入了另一个工作误区：他人执行时，自己袖手旁观。

执行箴言：胸怀大志的人会转换思路，把失败、挫折转换为前进的动力、人生路上的必备养分。

事情发生后，林文明意识到自己陷入工作中的“袖手旁观”这一误区，决定吸取教训，不再重复类似错误。

痛定思痛后，林文明总结跳出“袖手旁观”的误区需要做到以下三点。

一是负责人明确化，要通过会议明确制定负责人的名单，负责人所负责的任务越细致、越明确越好。

二是任务细致化，明确任务完成的标准对任务的完成有极大的帮助。

三是检查督促，要求相关人员在限定时间内把工作完成，增强工作完成的时效性。

做到上述三点，在处理事务时就能避开“袖手旁观”的误区，面对各种工作能做得得心应手。

每学期期末的到来，既让大家对放假满心期待，也让大家为即将接受大量琐碎的事务而焦虑。因此，每学期的期末对大家而言无疑是喜忧参半的。在期末烦琐的事务中，工作考核这一问题是最让人头疼的。期末工作考核主要包括教师的作业批改情况、学生成绩、教师教研活动等多项内容，工作的烦琐程度不言而喻。期末正是工作量最多的时候，每个教师都有明确的任务分工，而考核任务由于没有明确的负责人而导致被推向“边缘地带”，大家对此秉持着“事不关己，高高挂起”的态度进行回避，这样导致的直接结果就是考核任务久久得不到落实。林文明通过深入了解情况，发现教导处主任应对此负责。

林文明当即就给教导处主任写了一封关于如何解决这一问题的方法的邮件，并在结尾处不忘对教导处主任平日的辛劳工作表示感谢，还嘱咐道："如有难处，只管开口。"

林文明为什么要这样做呢？因为他弄清楚了一个问题：如果直接对教导处主任袖手旁观的做法加以批评，可能会引起他的反感，这样的话更不利于下一步工作的进行。他这样做的目的一是不想激化矛盾，二是想给教导处主任改正的机会。林文明这样做可谓仁至义尽，教导处主任若有所悟并及时改正不对的做法，自然是最好的结果；如果他执迷不悟，一错再错，林文明再对其进行批评也显得顺理成章。

处理工作中复杂的人际关系有个妙招，我们称之为先礼后兵，即先按礼节同对方交涉，如果行不通，再用其他强硬手段解决问题。比如，面对一个正在犯罪的人，警察首先会采取劝其中止犯罪的方法，如果犯人对此置之不理、一再抵抗的话，警察将对其实施强硬手段。因此我们给大家的建议是，如果可以用温和的方式来解决问题的话，我们应该尽可能地避免用强硬手段；而在处理某些事情的时候，如果温和的手段已经失效时，不得已的情况下我们只能考虑使用强硬手段，以保证更好地把问题解决掉。

执行箴言：先礼后兵是处理工作中人际关系的妙招，越是敏感的人际关系，越要注意先礼后兵的作用。在隐含着人际交往环节的工作的执行中，善用先礼后兵的策略能获得良好的执行效果。

林文明随即指定教务处负责教师工作考核的事务，并要求作为主要负责人的教导处主任在规定时间内制订好工作方案、列出工作细则。

所幸的是，身为该项工作负责人的教导处主任在收到校长的邮件后，进行了深刻的反省并对校长所提出的建议加以研究与运用。他在制订考核方案后，又召集相关人员开会讨论。在会议上，他把考核方案发给大家，并征求意见。经过了一番严谨而有序的讨论，考核方案得到了进一步修正与完善。不久，考核小组按照考核方案，井然有序地对教师的各项工作进行考核，这让大家一直头疼的工作得以顺利完成。

执行箴言：很多时候，成功与否不是能力高低的问题，而是能否利用合力的问题。有能力的人如果缺乏团体的合力相助照样会失败。

误区三　抓小放大，不分主次

在学校事务管理中，校长稍不注意就容易走向另一个极端。比如，只着眼于某些琐碎工作，而没有从学校的大局入手，如此这般“抓小放大”的执行方式只会导致“捡了芝麻，丢了西瓜”的结局。执行者如果没有妥善处理大事和小事，不仅会降低自身的工作效率，甚至会给整个团队带来巨大的损失。那么，执行者该如何避免走入“执行抓小放大”这一误区呢？林文明总结了三大有效方式。

第一种方式是明确目标。有一年对S中学而言，是一个面临“教育均衡区”评估的重要节点。当时学校的教学场所严重不足，成了影响此次评估结果的绊脚石。为了解决这一问题，学校必须新建教学楼。

早在林文明未任S中学校长之前，S中学的教学楼建设工程就已成功招标，但出于种种原因，直到2011年才开始动工。从招标成功到开始动工用了好几年的时间，在此期间物价增长不少，因此资金短缺成了建设教学楼的主要困难。后来正是因为资金不足，施工方在水电、风扇、防雷设施、灯管、墙壁粉刷等工程还没有完成的情况下宣布停工。“教育均衡区”评估在即，教学楼的投入使用迫在眉睫！

在这个节骨眼上，担任校长的林文明经过了解，得知施工方曾交付给学校30万元押金，他主动与施工方谈判。林文明提出了这样一个建议：从现在开始，施工方每完成一项工程，学校就退还一部分押金，等到工程全部完工，押金也全数返还。大家很反对林文明的建议，担心施工方不兑现诺言，影响教学楼的交付使用时间。林文明先安抚大家，接着又与施工方进行一轮又一轮的谈判，施工方最终同意了这一建议。最后，施工方在规定时间内完成了收尾工程，林文明也依照承诺把押金全数返还给对方。这无疑是一次漂亮的协调工作。我们来对此分析一下，林文明是如何想到解决难题的妙招的呢？

第一，林文明的目的是让教学楼尽快竣工，以投入使用；第二，施工方的目的是尽快拿回押金，获得更多收益。可见双方的目的都十分明确。既然这样，林文明只要筹集到工程款就可以要求施工方尽快完工。可是学校资金短缺怎么办？于是他把突破点放在施工方的押金上。根据工程的进度把施工方的押金一步步退还给他们，既能达到施工方拿到押金的目的，又能实现教学楼尽快完工的愿望，一举两得，何乐而不为呢？因此，我们应记住：当我们遇到困难的时候，不要“抓小放大”，而应明确把握解决问题的根本点，顺着这个点层层深入，从而获得解决问题的最佳途径。

第二种方式是检查督促。当时学校需要购买教学仪器，对于这一工作，林文明安排总务处主任负责，总务处主任对此事十分认真，把具体任务一一分配下去，但结果不尽如人意：采购的教学仪器并不符合要求，其中高中学习工具多买了，初中学习用具少买了；有的设备明显过时，不宜使用，有的设备和教材根本不配套；等等。林文明经过了解后发现，采购失误是督促不到位所致。总务处主任本应让负责采购的教师列好物品清单并上报，对于不符合要求的学习用具品名予以更正，以避免出现该买的没买，不该买的反而买了的情况。后来，在林文明的要求下，总务处主任对需要采购的教学仪器进行检查，并列出明确的采购清单，采购任务才得以顺利完成。在任务的执行中，检查督促是避免“抓小放大”的重要方法。对于一项任务，有时候尽管计划完美，但由于缺少后续的检查督促，就容易导致不良后果的出现。检查督促是使一项任务得以顺利完成的保障，只有重视这一保障，执行时才能确保万无一失。中国有句俗语：“不怕一万，就怕万一。”这里的检查督促就是为了避免“万一”的出现。林文明巧妙地通过这一方式破解了执行中的难题。

执行箴言：小心谨慎，考虑周全，以防万一。

第三种方式是明确主要负责人。学校的每一项任务都需要各部门密切合作，各项任务之间也是环环相扣的，因此，负责人在各项任务的执行中起着不可忽视的领导和监督作用。所以我们经常强调“一把手”是任务执行的主心骨，在执行中扮演着重中之重的角色。林文明正是了解到部门负责人是学校事务管理及各项具体任务执行的主心骨，所以才采取明确主要负责人的方式来保证执行的有效性。

在明确了主要负责人的重要性后，林文明立刻把“明确主要负责人”这一理念付诸实施。林文明是一位执行力十分强的校长，他的这种“明确主要负责人”的理念在学校大小事务的执行中体现得淋漓尽致，以下两点正是林文明秉持“明确主要负责人”理念的具体体现。

第一，林文明首先在整个学校管理层中明确了各项工作的主要负责人，实施分层管理。学校管理大致分为教学、德育、后勤、党务四条线，下面由具体的部门负责。这样一来，各个部门所负责的项目、任务显得清晰明了多了。在执行各项具体事务时，校长只需要督促副校长，副校长督促部门负责人，层层推进，每个人完成自己的分内事，就能使整个学校运行得井然有序。

第二，在执行具体任务中，林文明同样注重部门负责人的作用。部门负责人作为某项活动的指挥者，对该项活动全权负责。而作为活动的主要负责人，他必须做出合理而有序的分工，以使活动井然有序地进行。如果活动出现问题，林文明将问责该“线”的负责人，“线”的负责人问责部门负责人，这样有序的分工将很快找到问题发生的根源所在，从而使问题得到很好的解决。

哪个部门有问题，就追究哪个部门负责人的责任。正是这种追责方式，保证了大家在执行任务时避免陷入误区。

第七章

避免执行力的“蝴蝶效应”

有一句话说：“靠山山会倒，靠人人会跑，只有自己最可靠。”林文明很清楚这个道理，自己在学校时，大家看在他的面子上，一般都支持校领导班子的工作，但他一离开，就不知道会发生什么事了。自己将去外地参加三个月培训，学校工作暂由学校的陈书记主持，他能不能获得大家的支持？万一有人不服从管理，是否会发生破坏执行力的“蝴蝶效应”？

什么是“蝴蝶效应”？就是一些如蝴蝶振翅般的小事能引起横扫半个地球的风暴——

1963年，美国气象学家、麻省理工学院教授、混沌学开创人之一洛仑兹提出了“蝴蝶效应”理论。洛仑兹在创建大气对流数学模型时，运用计算机对天气变化进行了数值模拟，结果很清楚地看到了数值上千分之一的误差可以导出完全不同的天气模式。洛仑兹用“蝴蝶效应”理论对这一现象进行了形象化的说明：一只蝴蝶在巴西的热带雨林中扇动几下翅膀，几周后便会在美国的德克萨斯州引起一场巨大的龙卷风。1972年，洛仑兹在美国科学发展学会第139次会议上发表了题为《蝴蝶效应》的论文，这个貌似荒谬的论断，最终产生了当今世界最伟大的理论之一“混沌理论”。[①]

在管理学上，蝴蝶效应是指初始时十分微小的变化经过不断放大，会引起一系列连锁反应，对事件未来的整体发展会造成极其巨大的影响。

举一个例子来说吧。2003年，美国发现一例疑似疯牛病病例，这立即使刚刚复苏的美国经济卷入一场危害性非常大的“飓风”中。而罪魁祸首是那头扇动了“蝴蝶翅膀”的倒霉“疯牛”。这次的“蝴蝶效应”带来的危害让人瞠目结舌：首先，总产值高达1750亿美元的美国牛肉产业和140万个工作岗位受到冲击；充当养牛业主要饲料来源的玉米和大豆业受到影响，产值开始狂跌，导致其期货价格也处于下降状态。但最终体现“疯牛病飓风”的经济破坏力达到极致的，还是美国消费者对牛肉产品信心的减弱。在信息化的今天，这种恐慌情绪迅速蔓延扩散，美国餐饮企业经济收益急剧下降，甚至连全球餐饮业也受其负面影响，导致至少11个国家宣布禁止美国牛肉的流入，远在大洋彼岸的中国广东等地的居民都开始对西式餐饮望而生畏。

所以，做事要着眼全局，重视细节，防微杜渐。

有一次，林文明要到外地参加培训，而且培训的时间比较长，他临行

① 陈淑珍，陈贤滨. 从“蝴蝶效应”看高校大学生管理［J］. 山西青年管理干部学院学报，2008，21（04）.

前与暂接手校长事务的陈书记在办公室讨论了学校事务的处理问题。林文明说："我将去外地参加三个月的培训，学校的行政事务委托你全面负责，辛苦你了。"陈书记认真地点点头，说："我会继续抓好'整顿三风'（整顿校风、教风、学风）的工作，加强管理，注重细节，努力提升团队的执行力，请您放心好了。"

细品这番对话可以总结出两个要点：第一，林文明把学校行政的主持权交给陈书记，希望他能"管好家"；第二，陈书记保证在林文明培训期间，学校工作将一如既往地顺利开展。

陈书记有着丰富的管理经验，刚从副校长晋升至校党支部书记，为人真诚稳重，在教师中有较高的威望。

不久之后，林文明按计划去外地参加培训，重点学习管理创新方法。他给陈书记留下的是全面发挥才干的机会，同时留下一个不容易掌控的局面。

陈书记虽然年轻，但管理经验丰富，颇有自己的一套管理方法。S中学可谓人才济济，多人获得省、市级优秀教师称号，多人获得省级课堂教学比赛奖项，多人出版了学术著作。不过，陈书记认为这样人才济济的团队存在着一个隐患：这些才干出众的教师会互相不服，甚至彼此间产生敌意。这在心理学中叫作"嫉妒行为"。心理学认为，嫉妒行为分为两种类型：一种是良性嫉妒，它让人意识到自己的不足，从而努力赶上别人，起激励作用；另一种是恶意嫉妒，嫉妒者忽视被嫉妒者的优势而对其疏远，不与之合作，或因妒忌与被妒者发生冲突，甚至会出现伤害他人的行为；有些人则可能采取退缩行为来降低自己的工作表现，以示抗议。

每个人都有嫉妒心，只是强弱程度不同而已。心理学研究表明，嫉妒如果超过了度，再有才华的人也难以成为具有高效执行力的人。每个人多多少少都存在嫉妒心理，如果控制好，则能如虎添翼；控制不好，则无异于引火烧身。如果无法把嫉妒控制在正常范围内，就无法把执行力发挥到极致。

有的人做事执行不力，不是没有能力，而是没有正确认识自己、正确对待别人。陈书记担心很多优秀教师会犯这样的错误，以至于难以充分发挥各自的能力。

陈书记很清楚这些情况，所以特别强调大家做事要注重细节。曾任麦当劳总裁的弗雷德·特纳说过，他们的成功表明，一些竞争者的管理层对基层的介入管理未能坚持下去，那些人缺乏对细节的深层关注。陈书记非常认同这个说法，就把这句话作为自己工作的座右铭，希望通过抓好细节、追求细节的完美，来提升自己和大家的执行力，让学校更好地发展。

林文明去参加培训后，陈书记开始全面主持学校工作。他的第一项重任就是监督教师的出勤情况，按学校规定，班主任早上七点半须准时到校。起初，大家还是比较守时的，但是过了几天后，就有人迟到了。陈书记并没有因此发怒，而是在教师会议上表扬了全勤的教师，并按出勤表现的优劣顺序点名，那些经常迟到的教师自然被最后点到。这虽然是一件小事，点名也看似很随意，其实陈书记为此举花了不少心思。几周下来，迟到的人减少了。

其实这用到了管理学上的一个方法，叫作“期望激励”。这个理论由美国行为科学家爱德华·劳勒和莱曼·波特提出，其内涵是，激励措施影响一个人是否努力及其努力的程度；工作的实际绩效取决于一个人能力的大小、努力程度以及对所需完成任务理解的深度；奖励要以绩效为前提，不是先有奖励后有绩效，而是被奖励者必须先完成工作任务才能得到精神的、物质的奖励；奖惩措施是否会产生满意的效果，取决于被激励者认为获得的报偿是否公正。

这个方法很有意思，可以从一个小故事中看出。某公司的老板接到一项业务，需要有人用一个下午的时间把货物搬上码头。前一天，公司仅有的十几个员工才搬完一批货物，员工听到领导让他们在紧迫的时间内继续搬另外一批货物的消息后，都像泄了气的皮球。看到员工没精打采的样子，老板心想：按这个势头发展下去，怎能把这个工作完成呢？老板想了一个主意……下午员工们都汗流浃背，非常有干劲，并准时地完成了任务。他们为什么那么卖力地干活？原来分发午餐的时候，老板给员工们盛好米饭，一一端到每个人的手里，对每个人都说了一句话：“谁能够幸运地吃到红烧肉，那他就是最有力气、最能干的人。”员工吃饭的时候都吃到了埋在米饭当中香味扑鼻的红烧肉，都以为是老板对自己的特殊关照，所以就很卖力地搬货。这就是“期望激励”的效果，也就是说，你强调什么、奖励什么、期望什么、激励什么，就能得到什么，这是一个规律。[①]

执行箴言：你强调什么、奖励什么、期望什么、激励什么，就能得到什么，这是一个规律。

陈书记认识到了这个规律，并将其很好地运用到管理中去，不管教师是否全勤，都给予了表扬，目的就是激励更多的人不再迟到。

陈书记也非常聪明地利用这个规律防止“蝴蝶效应”的发生，取得了不错的效果，促进了学校教职工执行力的提升。

在一个团队的建设中，对于员工考勤这个问题，领导可以通过激励措施来解决。接下来，陈书记还会遇到哪些“蝴蝶效应”式的难题呢？

学校很多职工虽然按时到校，写计划、定目标，但计划的执行效果不佳，这种现象叫“纸上谈兵”。高效的执行不仅要求执行者要有完成任务的意愿，还要求其有完成任务的能力。对个人而言，执行过程就是办事过程；对团队而言，执行就是贯彻。有良好的决策，但没有强大的执行力，再怎么激励都不能达到预期目标。面对这样的局面，陈书记觉得必须改变大家执行不力的情况。

陈书记决定强化大家的执行力，他采用了两种方法。

第一种方法，建设富有特色的执行力文化，让学校洋溢着浓烈的执行气息，让每个教职工都受到执行力文化的潜移默化、耳濡目染，让每个人的心中都竖起执行的精神支柱。

第二种方法，打造高效的执行团队，努力建设一支凝聚力很强、行动

① 李慧波．团队执行［M］．北京：中国城市出版社，2007.

力很强的踏踏实实的执行团队。

这两种方法看似简单，实际蕴含着大学问。陈书记决定使用这两种方法来提升大家的执行力。

策略一　建设富有特色的执行力文化

陈书记实行的策略之一就是建设富有特色的执行力文化。执行力文化建设的主要负责人是黄副校长和团委书记。黄副校长的主要职责是统筹学校各种事务，协调各方工作，担任执行力文化建设小组组长；团委书记的主要职责是执行任务，实施计划，担任副组长。林文明到S中学任职前，这个学校的教职工还没有形成良好的执行氛围，学校教职工缺少奋斗拼搏的劲头。很多教职工对学校发展既没有信心也不抱希望，大家就像找不到方向的马，你推一下它，它就向前走一步；若不推它，它就原地不动。在执行力文化建设动员大会上，陈书记特别强调要把“整顿三风”与建设执行力文化结合起来，于是主持制订了相应的规章制度，其中一项是每次执行任务完毕，都要评选最佳执行者，评选采取民主投票推选的方式。团委书记曾毛遂自荐也来负责执行力文化建设的工作，被陈书记拒绝了，理由是一项任务的执行不能有两个思想不一致的指挥官。

管理学中有一个“手表效应”。什么叫“手表效应”？就是如果一个人只有一只手表，他知道是几点了；如果有两只时间显示得不一样的手表，他往往不知道到底是几点了，也就是说他无法知道哪只手表的时间显示更为准确，于是也就无法确定出精确的时间。领导层在向大家布置任务或提出工作要求时，必须只有一个声音，不能有两个相互矛盾的声音，否则，大家会因不知道听谁的而感到无所适从，从而导致工作受到干扰甚至无法进行下去。

陈书记的果断拒绝，保证了“领头羊”的指导作用。

有一天，最佳执行者评选活动像往常那样拉开了帷幕，陈书记看到不少教职工投票给在工作中做出示范榜样、对很多小事都身体力行的人。几个人围在一起讨论最终人选，一会儿，他们商议完毕并互相点了点头，写了人选名字并投进了投票箱。几个教职工投票后，其中一个就说道："每个人只能选一个人，其实我心中的最佳执行者是 B，我个人认为 B 比 A 好，可是你们都选 A，那我就跟着你们选 A 吧。"在闲聊中，有一个教职工提到，他想选 C，但是见到有几个人选了 E，最终投票时他也就选了 E。陈书记观察到不少人都没有选自己心中认为的最佳执行者，而是有从众的心理，跟着其他人选了某个人。问题来了，原来说好的民主投票，实际成了"从众"投票。这样的投票方式必须改变，否则会影响到评选结果的客观性。

陈书记采用了一个高明的策略——定点定时让大家在网上进行投票。这个策略可避免一些人的从众心理。陈书记请一位教师设计建设网上投票平台，然后要求所有教师在每周评选活动中当场上网投票，并当场统计结果并公示。最佳执行者名单公布后，按规定对执行之星给予表扬，激励大家提升执行力。

教职工的执行之星的评选也影响到班级，有不少班级自发评选班级执行之星——每周评选出在学习任务方面执行最佳的学生。陈书记一看教师和学生都提高了对建设执行力文化的认识，对自身执行力的提高也更主动、更积极了，就让相关负责人制作了几期关于执行力的黑板报，在全校形成积极执行的氛围。陈书记在总结会议上多次表扬年级长开展提高大家的执行力的活动，这些活动不但促使教师按时、保质保量完成任务，而且推动了整个校园文化建设。

这一系列措施落实到位，其效果就非常明显了，教职工在执行之星评选的激励下，对工作充满了激情，执行之余还会主动反思如何更好地提高效率。很多教师常常与陈书记讨论如何更好地执行任务，大家也慢慢地学会该做什么、该怎么做、需要做到什么程度、何时何地做等。

通过这个事情，我们可以做出三个判断：第一，陈书记在学校是比较有威信的，其建设意见获得了很多人的认同和赞许，有群众基础；第二，陈书记的决定是为了建设特色执行力文化，保障评选工作顺利进行，巩固群众基础；第三，陈书记的成功来源于林文明的充分授权、充分信任。

从陈书记的态度上，我们可以看出，这次营造特色执行力文化的活动是一次坚决、全面的改革活动。这场改革在口号、行动、形式等方方面面都大力倡导做任何事都要重视执行，促使重执行的氛围自然而然地在学校中形成。

正是这种改革态度的坚决、自信，给后来的任务成功完成打下了扎实的基础。

另外在“整顿三风”这件事上，陈书记同样起着举足轻重的作用。当时陈书记在教职工会议上强调了“整顿三风”中相关负责人的重任，提出了“整顿三风”工作中存在的问题。在会议进行到一半的时候，会场出现了一个令陈书记意想不到的情况。

一位教师突然站起来大声说道：“林校长经常强调民主，实行民主评选、民主决策，请问陈书记，我们的意见对您来说重不重要?”这位教师接着说，学校举行体操比赛，没意义、没必要、没价值，应该取消。会议室里一下像炸开了锅似的，大家都纷纷赞成取消体操比赛。还有教师在下面调侃：“手机都被太阳晒化了，何况我们人在太阳底下跳来跳去！就不要搞体操比赛了。”大家都被逗乐了。接着有人附和喊道：“不要搞体操比赛了!”陈书记见会议话题被转移，又听到很多教师都不大赞成学校举行体操比赛，就决定观察大家如何表现。有人看到陈书记似乎在犹豫着，就更加强烈地抗议，叫嚷着：“取消！取消！取消!”

这时，陈书记静静地环视整个会场，一言不发，过了一会儿，平和地说道：“好吧！办公室相关人员做好统计，认为该取消的现在举手，让我看看有多少人，有谁不赞成?”

这时，大家便安静下来，举手者寥寥无几，闹剧才不了了之。

在这里必须肯定陈书记的沉稳和冷静，对这种闹剧没有生气发火，而是通过观察大家的表现，判断出很大一部分人是跟着起哄，其实内心也不一定对体操比赛有多么反感。于是他就用举手表决的方式，让部分起哄者立马安静下来，从而掌控了场面，维护了管理团队的威信，防止出现破坏执行力的“蝴蝶效应”。

在生活中，面对不同的环境、不同的对手，有时候采用何种手段去应对已不太关键，而控制好自己的情绪才是至关重要的。前世界重量级拳击冠军乔治·福尔曼认为，对某人生气和不满，就好比是让其免费住在你的头脑中。这个总结非常好，也希望大家都能明白这一点。

我们发现，在现实教学中遇到学生发脾气或做出不好的举动时，教师往往都是情绪比较激动，气得满脸通红，这种情况下，还何谈教育学生？何谈执行感化教育？

某个星期四，陈书记经过一个教师办公室时听到里面传来一声稚嫩的吼叫：“我不愿接受你布置的作业！我就不遵守纪律，你能拿我怎么办？”一看，原来是一个学生和教育他的教师起了冲突，而学生对面的教师已被气得手发抖，说不出话来。陈书记走进去和声细语地与学生说了一番话，然后就让他回教室了。学生一走，这位教师就向陈书记大倒苦水，认为遇到这样的学生，没法进行班级管理了。这时，办公室里的其他教师也说起类似的经历：有些学生不喜欢做作业，就喜欢做不守规矩的事，你指东他朝西走，喜欢与你对着干。面对教师们的诉苦，陈书记耐心地为大家解释处于青春期的中学生有了自主、独立的意识，所以他们才会出现“不听话”“顶牛”的行为。“你看，青春期的孩子有强烈的主观意识，不再迷信盲从，敢提出自己的意见，对事物持有批判态度。这是不是值得表扬他们的地方？”陈书记一说完，教师们都欲言又止，回想一下，觉得陈书记说得也有道理，也许是自己太急躁了，所以使叛逆期的学生更加叛逆，阻碍了教育的进行。那位被学生顶撞的教师也反思了自己的态度和行为。一周后，当那个学生再和教师单独面谈时，已没有多大的负面情绪，教师态度一改变，学生也做出了好的改变。

陈书记经过认真总结，得出一个结论：要建设富有特色的执行力文化，所有执行者不仅要注重细节、关注细节，还要有勇有谋、机智果敢，更要懂得管理情绪。

策略二　打造务实高效的执行团队

陈书记为了增强团队的凝聚力，准备采取“效益法”来促进团队的建设，也就是将教师教育教学中对各个环节执行的质量和效果与教师的收入挂钩。不少教师对此持不同意见，而德育处副主任对此却全力支持。在这种情况下，陈书记仍然决定把工资、奖金与任务的执行力度密切联系在一起。

他把管理团队分成两组，教研室主任负责制订详细的工作计划，让大家明确工作目标，拥有共同的愿景；德育处副主任负责检查工作计划的落实情况并及时做出总结，随时记录团队的工作进度，及时检查，加强对团队执行力的监督。一开始，这样的管理进行得比较顺利，德育处副主任检查教案时也挺满意的，因为每个教师都把教案交上了，而且大家的教案都写得很认真。

本以为这种管理方式不会有什么问题了，但有一天，一位教师到办公室来跟德育处副主任反映，这种形式是没用的，检查不了什么，总结不了什么，建议他不要再这样检查了。还没等德育处副主任问明情况，那位教师就以上课铃声响了要上课为由离开了办公室。这时候，一直在办公室坐着的教研室主任过来从德育处副主任办公桌上拿起一本教案，慢慢地一页页翻着看。但紧接着他加快了速度，纸页哗哗地响着，他的表情也从不置可否到紧锁眉头，还没看完，就把那本教案扔在桌面上，严肃地告诉德育处副主任：教案有很大问题。

德育处副主任愣住了，回过神儿后紧紧地盯着教研室主任，一脸不解地说：“怎么会有很大问题呢？我已大概检查了一遍，觉得大家写得很认真，没发现什么问题啊。”教研室主任摇摇头不出声，只是打开电脑，从一沓教案中随意抽出一本翻开一页，随意找了一段话输入网页搜索栏，然后点击鼠标，网页立即显示出一篇篇文章。教研室主任点击其中一篇，用手指了指屏幕，又用手指了指教案。德育处副主任对于教研室主任“哑剧”式行为感到有点莫名其妙，但还是按照他的提示，看网页上的那篇文章。半晌，他缓缓抬起头，很是吃惊地说：“抄袭?!”教研室主任见他还有怀疑，又随机抽取几本教案，重复刚才的动作，结果都能在网上找到对应的文章。教研室主任分析道：“估计很多教师都是这样做的，他们不仅抄袭教学方案，还抄袭教学总结。”

显然，这些教师都是在应付这项工作。德育处副主任意识到这个问题，便和教研室主任一起商量对策。教研室主任说：“我们在整顿‘三风’，这种抄袭行为恰是我们应该整顿的内容。”经过一番商量，他们决定来一次真正的整顿活动，对于类似的行为，非但不能容忍、表示“理解”，还要大张旗鼓地加以“讨伐”，除了曝光抄袭行为和对抄袭教案的教师进行批评教育外，还要对此事进行严肃处理，要让教师知道这种抄袭行为，是作为教师不能触及的“高压线”。只有这样，做事认真负责的教师才不会觉得自己吃了亏；只有这样，才能在教师之间形成一种严谨务实的研究风气；只有这样，类似的抄袭现象才能真正被阻止。

他们随后向陈书记请示，陈书记也非常赞同两人的观点，于是学校里掀起一场“教案打假”活动。学校相关负责人用“校讯通”通知所有教师：下次检查教案不再提前告知时间，而是随时抽查；另外，不能再抄袭教案，否则将在全校范围内曝光，并扣发学习奖金。大家收到通知，有的庆幸：“好险，还好是下次发现抄袭才扣奖金，要不这次惨了！”

关于教师抄袭的问题，一些教育报纸及杂志上曾进行过大讨论，对教师抄袭情况进行过深入的剖析和研究。

教师抄袭行为一般归纳为四类，具体情况具体分析，应区别对待。

第一，利益式抄袭。指以谋取不正当利益为目的，不劳而获地占有他人的劳动成果并侵害了他人权利的抄袭行为。

第二，应付式抄袭。指应付检查的抄袭行为。比如，为了应付检查，有些教师抄袭他人或自己过去的教案、教学计划、教学进度表、工作总结等。

第三，不得已式抄袭。教育局教科所、教研室、学校教科研处等要求所有教师都要参与教育科学研究，但对于从来没有或者很少接受过专门训练的许多教师来说，他们一时找不到进行这种所谓的教育科学研究的方法，只好抄袭。

第四，模仿式抄袭。指模仿或者借鉴优秀教师在教学理念、教学技巧、教学模式和教学方法等方面的先进经验来提高自己的教学水平和教学艺术的行为。例如，观摩教学就是一种有利于提高自己专业水平、教学技能的模仿学习。这种模仿式“抄袭”不仅不能阻止，还应大大鼓励，并引导教师在这一过程中进行深度反思和学习，进而能创新教学方法，拓展自我发展的空间。

一个月后，德育处副主任“不宣而战”，随机抽查一些教师的教案，开心地发现没有一个教师不写，并且没有抄袭痕迹。这次“教案打假”成功，正是教研室主任与德育处副主任密切合作的结果，是打造高效执行团队的第一步。他们这种认真负责、一丝不苟的精神值得发扬和推广。

说到这里，我们不得不佩服陈书记，面对“整风运动”里的棘手问题，显得如此从容，如此坚决果断，如此自信。我们知道，在年龄层次相差比较大的团队中，年轻人总是喜欢尝试新的东西，总想闪耀自己的光芒，而老同志有墨守成规的习惯，不愿改变，不愿创新。曾有专家做过一个实验，他们牵来两头不同生活背景的驴，一头驴由于从小到大一直都被绳子拴着围着石磨转圈磨豆，当把它牵到石磨边上，不用绳子拴着、拿鞭子打它时，它依然会快速地围着石磨转圈；另外一头从没绕着石磨转过圈的驴子，鞭打它一下，它就跑远了。没有经验的人常常会有新的想法和行动，而不受束于原来的惯性思维、惯性行为。陈书记在为“整风活动”促进教师团体认真踏实工作而感到欣慰同时，也思索着如何避免教师以惯性思维做事，防止执行思路僵化这个问题出现。他经过一番深思熟虑，觉得教师的教学技能和科研能力要想提升，就必须有所创新。于是，陈书记组织建立了科研培训班，让教师有更多的机会接受高效培训，从而提高教师理论与实践相结合的能力，促使团队向优秀、高效的行列迈进。

为了快速提高整个团队的执行力，陈书记拟写了一份新的绩效评估方案，并且把每月的教师财政补贴数额公示出来。这一公示在教师中掀起一层波浪，不过，这些都在他的预料之中。

有教师对公示财政补贴数额大不满意，满腹意见地找到陈书记，质疑道："怎么每个教师的补贴数额还有差距？怎么我的那么少，有些教师的却很多？"陈书记解释道："工资、奖金与任务的执行程度是紧密联系在一起的，过去和现在都是。只不过以往没有对绩效进行公示，现在对绩效进行公示罢了。"那个教师不服，气冲冲地去教育局告状。陈书记并没有因此惊慌失措，而是从容淡定地做了两件事：首先，召集有意见的教师在办公室讨论，清清楚楚地让教师明白补贴数额是如何根据评估方案算出来的；其次，通知全校教职工在会议室里召开教师大会，在会上重复演示一遍补贴数额的评算过程，随后开展绩效方案修改讨论会，让大家都发表意见，共同完善绩效实施方案。

会议开始时，还有零星的异议声，待陈书记把补贴数额一一展示在多媒体屏幕上，并播放了每份数据的演算过程后，全场都鸦雀无声了。对数据的产生明了后，没有一个教职工再闹意见，大家反而都为如何更好地发展学校齐心协力地出谋划策，也更关心整个学校的发展了。会后有的教师除了认真完成自己的教学任务外，还热心帮助其他教师，为整个团队的提高出力。陈书记对此及时给予表扬和鼓励，加深了队员团结友爱的情感，让每个队员深切体会到团队如家，团队成员如亲人。陈书记还经常到各年级办公室里与教师沟通，除了督促教师的工作，还与教师拉家常，细心留意教师的情绪变化，一旦发现有教师情绪低落就私下找其聊天，找原因，调动教师的积极情绪，从而有效制止了教师的负面情绪的相互影响。

我们常说"团结就是力量"，陈书记深深懂得这个道理，他欣慰地看着整个教学团队的变化，也欣喜地感受到教师的团队意识逐渐增强。陈书记通过公示绩效情况的做法，不仅激励教职工提高了执行的积极性，还提高了教职工在执行中的荣誉感。而且做到财政透明，体现出学校管理的公平性与民主性。

在陈书记的领导下，大家一起提高了执行力，默契地形成了“立说立行”的执行风格。为什么陈书记能在此事上获得成功呢？纵观学校执行力建设的历程，主要有以下四个原因。

第一，陈书记在学校里深得“民心”，他处处以教职工为重，主动与教职工沟通交流，经常关心教职工的工作生活，有群众基础，有“民心”支持，所以他领导的改革才会成功。

第二，陈书记的管理方法有时比较严格，但那都是为了激励教职工，促进团队的发展。所以，当他领导的团队由松散、低效到越来越团结、越来越高效的时候，大家也就明白了陈书记严厉鞭策他们的用心良苦。

第三，陈书记善于管理情绪，能做到喜怒不形于色，能够以冷静的态度处理各种问题。正因为他能够很好地控制自己的情绪，所以大家都愿意和这个自信、宽厚、乐观的领导交流、沟通。

第四，也是最重要的一点，林文明助力陈书记主持大局，并全力支持、充分信任他，这使陈书记得以放开手脚，全面推进工作。

通过这些事情，我们可以看到，要想做成一件事，群众基础很重要，关注群众所想，真心实意为群众着想，才能团结群众，才能加强团队的凝聚力，才能提高团队的执行力。

有从事管理学研究的专家认为，管理者很多，但不外有五种。①

第一种是贫乏型管理者，他们对组织有高度的依赖性，缺乏热情和上进心。这种领导自己是无精打采，对下属则放任自流。

第二种是权威型管理者，这种领导对工作非常关心，但忽略对下属的关心。

第三种是“乡村俱乐部型”管理者，这种领导对人很关心，却忽略工作进展如何。

第四种是中庸型管理者，这种领导讲求实际，一般不具备创新意识。

第五种是团队型管理者，这种领导对个人与组织、工作与情感的关系

---

① 张传香. 党报经营的“新管理方格模式”[J]. 新闻与写作，2008，(03)：19—20.

把握得非常好，也具有坚定的信念，做事认真负责，精细高效。

陈书记就属于团队型管理者，他注重管理工作的细节，不但关心教师的工作，还关注每位教师的生活；积极乐观，敢于授权，信任自己的团队成员，坚信团队的执行力量大于个人的执行力量。

林文明参加培训回来后，看到学校正常运转，大家精神振奋，非常高兴，直夸陈书记管理有一套。林文明充分信任陈书记而后者倍受鼓舞，对所负责的任务全力执行，这给了我们很大启示：一，信任是一种关系，更是一种资产，它是执行的基础；二，决策一旦确定，就要毫不犹豫，全力推进！在这个充满竞争的时代，全面提升执行力是我们每个人的必修课。

第八章

明了执行力和成功的关系

在人生的历程中，也许我们经过艰苦努力，会迎来事业发展的高峰期。但是“兹可谓一劳而久逸，暂费而永无宁者也”，在迎来人生的成功后，也许你想一劳永逸，可是挑战还会接踵而至，我们应该怎么办？

俗话说："打江山容易，守江山难"。开创辉煌事业已属不易，守住事业并使其有所发展更难。其实，在很多时候，我们取得某种程度的成功之后往往会遇到更多的拦路虎，让人一筹莫展，无计可施。"天将降大任于斯人也，必先苦其心智，劳其筋骨"。要想承担起守住"江山"的重任，享受成功的果实，就得有无所畏惧、敢于接受磨砺的精神。凡成大事者，必是魄力比常人更大，能承受人所不能者。

这些年来，林文明在兢兢业业做好本职工作的同时，还注重在各方面提高自己，最终成了S中学的校长。实现从普通教师到校长的华丽转身后，他并没有故步自封，而是靠不懈的努力成为教育界的后起之秀。年轻有为的他，在S中学登上了自己事业的巅峰。

正如一句经典的台词所说："欲达高峰，必忍其痛……欲戴皇冠者，必先承其重。"那些最成功的人，也是经历最多磨难的人。一个人攀登顶峰的时候，也是面对最多困难的时候。林文明在走向事业顶峰的过程中也遭遇诸多困难和挑战，但在他攀登高峰的路上并不寂寞，因为这世上还有许多人都面临着和他一样的挑战。

执行箴言：最成功的人，也是那些经历最多磨难的人。一个人若要攀登至顶峰，必将要历经千锤百炼。

2016年8月21日，在第31届夏季奥运会的比赛中，中国女排获得冠军，时隔12年，中国女排再次站上奥运会最高领奖台的那一刻，整个中国都沸腾了。但有谁知道，女排姑娘们是怎样踩着荆棘、怎样经历坎坷才最终登上冠军领奖台的？

在此之前，这支年轻的球队备受质疑、一路不被看好。在逆转战胜东道主巴西的比赛中，开始全场嘘声一片；在苦战五局战胜荷兰挺进决赛后，巴西球王贝利就大放厥词：塞尔维亚队将以3∶0战胜中国队。可最后，中国姑娘凭着顽强拼搏的精神和团队的互相配合，成为最后的胜利者。

中国女排为什么能多次逆转并勇夺冠军呢？回顾这一历程，可谓惊心动魄，朱婷作为全队的得分主力，上一次对阵塞尔维亚队时，在场上一人独砍 33 分，而在决赛中三节只获得 18 分。这时惠若琪、龚翔宇两个姑娘挑起大梁，分担起进攻责任。成与败之间，最大的区别就在于，团队中，个体是取长补短、互相配合，还是各有用心、背道而驰的。

郎平在她的自传《激情岁月——郎平自传》中曾说：对于一个集体体育项目来讲，取得胜利的根本问题在于团结和凝聚力，而这个“根本”，可以由教练来控制。“射人先射马，擒贼先擒王”，做事情必须要懂得抓住“根本”！其实，奥运会之前，中国女排的世界排名中只是第三，而不是第一，巴西队排名在中国队前一位，在过去 7 年中，中国女排仅仅有 1 次战胜了巴西队。

然而，在这次奥运会排球的四分之一决赛中，中国队却逆转战胜了巴西队。其实，和巴西队相比，中国队的综合实力还是稍逊一筹的，中国队除了主攻朱婷是进攻强点外，其他位置的队员与对手相比都没有优势。但中国女排姑娘们在比分落后的情况下，打得比巴西队更有耐心、更加用心。比赛越艰难，队员们越能调整自己，尽快进入状态，二传、副攻、自由人都有好的表现，全队配合得越来越好，球队的战斗力也在不断地提升。

说到团队，大家都很熟悉，但究竟怎样的团队才是有竞争力的呢？有专家将团队分为以下三种类型。

一是“螃蟹团队”。一只螃蟹准备往篓子上爬，其他螃蟹就会拼命拉住它，结果没有一只螃蟹能够爬上去。由于团队成员之间的激烈竞争，最终会导致整个团队执行能力的下降，无法实现 1＋1＞2 的结果，形成奇怪的精英组成团队战斗力却不强的怪现象！

二是“野牛团队”。虽然每只野牛身强力壮，但是缺乏集体意识，各自为政，所以这种团队的特点是成员分开战斗力很强，合起来反而很弱，有点类似于我们常说的：一个和尚有水喝，三个和尚没水喝。

三是“大雁团队”。雁群由头雁带领，群雁排成整齐的“一”字形或

“人”字形队伍飞行。倘若孤雁独飞，最后的结局往往是死亡。

在这三种团队中，最好的类型是大雁团队。

大家不难发现，由千差万别的个体成员组成的团队，第一、二类型团队和第三类型团队形成的团队力量是不一样的。我们今天推崇的是“大雁团队”，大雁团队中队员所形成的关系在生物学上叫作“共生关系”，即群体生物彼此互利地生存在一起，缺此失彼都不能生存的一类关系，它是生物之间相互关系高度发展的种形式。一个成功的团队就要形成这样的一种关系，当你觉得快承受不了的时候，队友会伸出手来支持你；当队友有困难的时候，你能顶上去。正如郎平在赛后接受记者采访时所言：“我们的运动员技术还不是最好的，但是我们的作风和团队（精神）可以（对技术进行）弥补。”

朱婷是这场比赛的灵魂人物、核心人物，在队友没有斩获关键比分时，并没有责备队友，反而是鼓励她们，相信队友是最棒的。之后，朱婷一次次重扣得分，激励队友放下包袱，努力拼搏，球队的凝聚力也越来越强，整体实力也得以加强，最终发挥出团队的最高水平，取得冠军。

执行箴言：团队分为以下三种类型：一是“螃蟹团队”，二是“野牛团队”，三是“大雁团队”。在这三种团队中，最好的是“大雁团队”。

“大雁团队”能最大限度地发挥团队的凝聚效应。凝聚效应是由美国社会心理学家沙赫特提出的，他认为，凝聚力越大，企业越有活力。由此推而广之，任何团体的发展壮大都需要把团队成员的力量凝聚起来。那么，在我们推进事业发展的过程中，如何促进团队成员间的合作行为呢？可以采用以下四种策略：第一是有明确的目标，目标就像靶心，指示出力量要集中于何处；第二是要有明智的领导者；第三是成员要有明确的角色定位；第四是团队间要形成宽容、理解、信任的人际氛围。

中国女排的成功就是受到了中国女排精神的激励。30 年前，中国女排能创造辉煌的“五连冠”奇迹，靠的是她们不服输、拼每一球每一分、不到最后一刻不放弃的精神。从中国女排创造辉煌的“五连冠”奇迹开始，中国女排的精神就成为中国体育界最宝贵的精神财富。

其实，中国女排已经形成一种群体品格，而每个群体都应该形成自己的“群体品格”。30年前的中国女排群体就形成了属于她们的不服输、艰苦拼搏、不言败的群体品格。这种群体品格对中国女排姑娘的激励作用尤为突出。倘若每个团队都能形成这样一种精神，那么它一定是无坚不摧、所向披靡的。

实际上，管理一个学校和管理一支球队是有相通之处的，打造一流的学校和打造一支冠军团队有异曲同工之妙。林文明在学校管理中，重视团队的作用，凝聚团队的合力，首先采取“赢在中层”的策略，抓住形成学校合力的关键因素，促使学校工作的圆满完成。

如果说高层管理者如同一个人的头脑，那中层管理就如同一个人的躯体，普通员工就如同一个人的四肢，三者只有通力合作，工作才能取得成效。林文明在实际工作中对学校各个管理层领导的使用上，也体现了这一点。正如爱迪生所言，“用集体智慧创造未来”，一个团队能够群策群力，依靠群众的力量，方能走上成功之正道。

正是凭借着这个有高效执行力的团队，S中学取得了三个历史性进步。

第一，创建优秀校园活动，成功打造出以“励志”为主题的校园文化。

第二，将培养体育生、艺术生作为学校发展特色，完成建设特色强校的目标。

第三，2016年下半年，学校准备接受省一级学校的评估，进一步推进学校的发展。

学校的改革事业绝非轻而易举就能够完成的，必须依靠学校全体成员的力量逐步推进改革进程，因此，林文明分外重视提升团队的执行力。

在一个团队通往成功的路上，荣誉和光环有时可能会隐形，而矛盾、问题则会层出不穷，但只要我们上下一心，互相帮助，彼此宽容、理解，终会创造更大的辉煌。林文明在实施教育改革的时候，没有孤军奋战，没有单枪匹马，而是集众人之智慧，采用了三个策略，最终成功地完成了学校的改革，使学校的发展日新月异，更上一层楼。那么，林文明采用的这三个策略是什么呢？

策略一　构成合力，百战百胜

林文明注重培养团队的合力。学校中层管理者团队是学校高层管理者和基层教师联系的桥梁，学校高层管理者的决策由学校中层管理者下达给基层教师，基层教师的意见和愿景通过学校中层管理者向学校高层管理者反映，学校高层、中层和基层各成员为学校的发展形成了一股强大的合力。

有人认为，学校的发展应本着“赢在中层”的原则。学校合力的形成需要一个关键因素，就是中层管理者要发挥桥梁、沟通作用。学校中层管理者处于承上启下的位置，下达学校高层管理者的决策，上传教师的意见。

“赢在中层”，关键是中层管理者不断形成合力：一是与高层管理者间形成的合力。高层管理者是学校的决策层，中层是学校的执行层，高层管理者的决策必须经过中层管理者推动并和基层教职工一起落实。二是在本层同事间形成的合力。学校具体工作的执行、项目的实施需要通过部门之间协商、配合来完成。三是与基层教师间形成合力。中层成员与基层成员形成合力，是促使学校任务完成的重要保证。

林文明在凝聚团队合力时，懂得抓关键点，选择“赢在中层”的策略。有人曾将中层管理者比作排球运动中的二传手，而一个好的二传手，可以把“死球”变成“活球”；二传手不到位，好球可能变成臭球。

这种“赢在中层”的策略不但让学校各股力量汇聚起来，而且使学校各项工作如火如荼地开展起来。

执行箴言：“赢在中层”关键是中层管理者不断形成合力：一是与高层领导间形成合力；二是与本层同事间形成合力；三是与基层教师间形成合力。

采用“赢在中层”策略只是林文明提高执行力的第一步，他还有更睿智的做法。一直以来，林文明深信，一种成熟而科学的校园文化在学校管理中有着举足轻重的作用。

按照马斯洛的需要层次理论，人的需求一共有五个层次：生理需求、安全需求、归属需求、尊重需求和自我需求。一般来说，团体都能够满足个体的生理和安全需求，但是其余的更高级的需求需要一个优秀的团队才能够满足。通常团队会通过制订明确的工作安排和奖惩制度，来进行任务分工，激励员工。但是更高明的领导者则会在文化层面上打造一支具有凝聚力的团队。

关于如何打造一支团结的团队，有人曾提出这样的建议：若要增强团队团结意识，必须铸牢“四大支柱”：一是领导者成为团结的“主心骨”，二是管理者成为团结的“定影剂”，三是跟随者成为团结的“防滑剂”，四是文化气场成为团结的“催化剂”。所谓的文化气场，更多的是强调一个学校具有某种精神底蕴，就像中国女排有女排精神一样，这种精神通过内化，成为一代代女排姑娘顽强拼搏、不服输的内在品质。而这样文化气场形成的必备因素是宽容、理解、信任的人际氛围，强调整个团队要有明确的发展目标。

执行箴言：打造一支团结的团队，必须铸牢“四大支柱”：一是领导者成为团结的“主心骨”，二是管理者成为团结的“定影剂”，三是跟随者成为团结的“防滑剂”，四是文化气场成为团结的“催化剂”。

林文明在管理上遵循的最大原则是宽容，他最喜欢这样一句话：用勇气去改变可以改变的事情，用胸怀去接受不能改变的事情，用智慧去分辨二者的区别。无论是别人故意找碴儿，还是对自己的工作提出反对意见，或者干脆无视自己，他都以宽容的态度面对。而这样的宽容是有力量的，这种态度有利于在教职工乃至全校师生中形成和谐、有爱的氛围，并最终会促进团结、友爱的群体意识的养成。简而言之，就是有助于师生对学校产生归属感和热爱的情感。一位校长注重建设好的学校文化，不仅能够建设出一所好学校，更重要的是可以让学校达到“一个好校长走了还是一所好学校”的程度。S中学校园文化已形成一种精神——S中学精神，即使在林文明离开这所学校后，这种精神依然可以存在，会一直激励着S中学的每一个人，就像女排精神一样，激励一代又一代的队员相亲相爱、团结一致去战斗！

五人团结一只虎，十人团结一条龙，百人团结稳如泰山，一个团队的成功就要靠它的内部成员所形成的合力。因为拥有执行力，学校的“励志”文化建设、特色强校建设等活动才会开展得这么顺畅，才会取得如此大的成功。林文明有一个执行力强的团队全力协助他，全力配合学校各项工作开展，这是学校之幸。

作为一所学校的校长，为了使学校各层员工形成合力，应该做好以下几方面的工作。

第一，提出正确的学校发展目标。

第二，认识团队成员的个性特点，知人善任，扬长避短，最大限度地发挥每个成员的价值。

第三，营造宽容、理解、团结合作的工作氛围。

第四，培养“群体品格”，建设执行力文化。

经过一段时间，S中学从一所办学质量差的学校，一跃成为社会认可度较高的学校，能有如此成就，林文明校长功不可没。一个组织的合力的形成，既要靠明确的规章制度，又要靠组织中的文化氛围，“软硬兼施”，方能百战百胜。

林文明在带领学校改革发展的过程中，团结师生，瞄准目标，成功打造出一支优秀的团队。为了提升团队的执行力，林文明又采取了哪些策略呢？他管理学校的这些策略，又能给我们哪些可借鉴的经验呢？

策略二 立即行动，明确责任

林文明采取的第二个策略是“立即行动，明确责任制”。一项工作在规划时可以瞻前顾后，但行动时一定要雷风厉行。大家需谨记，我们做事情，可以花时间思考和谋划，一旦付诸行动就一定要迅速。做事拖沓的人，办事效率都不高。例如，一个个灵感闯进艺术家的脑中，他可以在脑中反复构思，但若总是迟迟不行动，不能把灵感变成具体的艺术作品，那这位艺术家应该不会取得多大成就。

大家都知道，成功只对实干者情有独钟，它是不会降临到做事拖沓的人的头上的。

在林文明提出创建优秀特色校园文化和“一校一特色”的计划时，学校领导班子成员展开积极的讨论并提出自己的意见，为学校发展出谋划策。大家不仅为林文明提出的计划做了理论和思想层面的建议，最重要的是去积极落实他的规划。在了解了学校的发展目标后，大家明确了自己的任务，立即行动起来，努力将设想转化为现实。管理学上有这样一种说法：执行是目标和结果之间一个不可或缺的环节。假如你只是思想上的巨人，行动上的矮子，那么你任何的长远规划都将胎死腹中。所以，想成功，就要做行动上的巨人。

那些行动力强的人制订目标后，会迅速落实执行；行动力不强的人制订目标后，常以各种理由一拖再拖，最终使目标难以实现。在S中学各阶段的发展中，执行力无疑是预定目标和实际结果之间的一座桥梁。

林文明带领的团队藏着“三驾马车”：

第一个是老邓副校长，其最突出的特点是有想法就立即行动，办事效率高。

第二个是小邓副校长，其做事特点是用心跟踪工作进度，事事都落实到位，不留尾工。

第三个是黄副校长，其为人所称道的是稳重冷静、思维缜密的品质。

我们不难发现，林文明如果没有像他们这样的“战友”，S中学的发展可能就不像如今这样顺利了。这些“战友”十分重要，在学校发展中是不可或缺的。这样的团队是林文明进行教改的最强劲武器。

如果林文明不考虑团队的执行能力，就不能制订出具有现实意义和实现可能的发展战略了。

为了强化团队对任务的执行力度，林文明首先制订计划，为学校的发展指明方向，最重要的是将任务分配给具体的部门和成员，使团队每个人都有了施展才华和发展自我的空间，也充分发挥了团队的巨大作用。林文明懂得知人善任，知道三位副校长有各自的行动策略，在团队中扮演着不同的角色。在实现学校各项发展目标时，林文明明白，在一个团队中，每个成员有着各自的做事方式，在工作中扮演着特定的角色，只有发挥各个主体的潜能，才能更好地加大各项工作的执行力度并取得好的效果。

小邓副校长主要负责体卫工作，她兢兢业业，连细微的问题都不放过，总是能把各项工作落到实处。黄副校长在领导班子中也发挥着独特的作用，对各项工作的思考和谋划都非常缜密。同样，老邓副校长在工作方面的特点也一样突出。

有一次，学校临时决定在期中考试之前组织教师到外地学习考察，但当时已经是该学期的第八周了，学生要考试，所有人的时间根本不够用。这种情况下，林文明毫不犹豫地将考察任务交给老邓去办。

老邓接到林文明的任务后，说：“优秀的时间管理者高效办事的准则是根据事情的轻重缓急进行排序：重要且紧要、紧要但不重要、重要但不紧要、既不紧要也不重要。现在这项任务是重要且紧要的，我必须全力以赴。”

老邓立即着手开展工作，从写报告到联系学校，再到启程去考察，所有工作都在一个星期之内全部完成。

大家在老邓的组织下外出学习取经。这次外出学习在加强教师之间的经验交流、开拓教师视野方面取得了较好的效果。事后，林文明对老邓这次的表现给予高度赞扬："老邓办事效率很高，你一讲什么，他就马上行动，无论任务多艰难、时间多紧迫，都会立刻去执行，并且都能够如期完成得很好。"林文明能够有这样的得力助手，工作起来自然是如虎添翼。

意大利经济学家维弗雷多·帕累托最早提出"二八法则"，其核心意思就是，生活中最重要的、起决定性作用的事物仅占20%，其余80%的因素尽管占多数，却是次要的、非决定性的。林文明正是因为明白这样的原理，才会在团队中重用像老邓这样的人。而老邓所负责的这个工作对团队而言是非常重要的，对团队的发展也有着极大的影响，所以他一定要把这项任务完成。我们可从中总结出，高效的行动者就是能抓紧时间完成团队中心工作的人，老邓副校长明白这点，也使之成为自己获得成功的法宝。

林文明为了提高教职工的执行力，制订了一套完整的规章制度，包括具体的工作标准和详细的奖惩方法，以此从宏观的层面考察学校发展工作的执行情况。林文明定期召开校长会议，与大家讨论如何更好地提升所有人的执行力。林文明认为，一个团队的成功，30%靠正确的战略，70%靠正确的执行。任务要执行到位，执行的速度和方向对一个团队来说是非常重要的。因此他要求大家加强执行意识，以更好地完成各项任务。

拿破仑说，行动和速度是制胜的关键。而成功的秘诀是，没有实现不了的任务，只有迈不出的脚步，只有行动起来才能完成任务，成就梦想，创造未来。真正行动起来必须要有动力、勇气，一路上还要有勇气应对层出不穷的困难。

三位副校长都有接受挑战的勇气和魄力，也有很强的执行力，使学校各项工作能如期完成。这也告诉我们，在职场上，必须要战胜拖延、惰性等不好的习惯，提升自己的行动力。眼高手低之人只能是思想的巨人、行动的矮子。喊破嗓子，不如做出样子；坐而论道，不如起身立行；临渊羡鱼，不如退而结网。

执行箴言：一个团队的成功，30%靠正确的战略，70%靠正确的执行。

策略三　提升修养，进德修业

林文明到S中学担任校长后，成功完成了打造特色发展学校和建设励志校园文化的目标。这一历史性转变，标志着学校的发展上升到了一个新的层次。学校的进步不能靠简单的公式，学校的改革也不是一蹴而就的。这些都需要有一支具有高执行力的团队做后盾，而打造高效的执行团队，需要团队最高决策者具有以下“四度”：

其一，就“工作态度”而言，林文明的工作态度是兢兢业业，扛起肩上的责任，勇做学校第一责任人。比如，学生家长与学校发生冲突时，林文明在了解清楚情况后会主动寻找家长协商，担负起“第一责任人”的角色。

其二，就“决策高度”而言，林文明拥有学校最高的决策权，决策素质和水平相当高，针对学校存在的问题和矛盾，林文明常能以渊博的学识、丰富的教学经验、准确把握政策导向和思维创造的能力，进行集思广益，做到决策民主化，做出具有前瞻性的决策。

其三，就“执行力度”而言，林文明构建“三位一体”的执行机制，即执行主体责任机制、执行能力支撑机制、执行效果考评机制，明确学校各项工作的目标、要求及人员安排，并加强对执行效果的督查，保证学校各项工作执行得有力、有效。

其四，就“贯彻速度”而言，林文明麾下有三位能征善战的“爱将”，他们做事速战速决，不拖泥带水，使学校各项繁杂的事务得以顺利处理。

具备了执行力的这“四度”，林文明一次次攻克难关，成功营造了校园励志文化氛围，找到了学校发展的特色之路，实现了学校办学水平的提升与整体发展。

在通往成功的路上，林文明坚持学习，不断提升自身修养，培养自身的高效执行力。

实力才是发展的硬道理，只有内外兼修的人才能披荆斩棘，所以林文明格外注重提升自身的修养。在闲暇时间，林文明热爱读书，除了读一些教育著作外，他还非常喜欢卡耐基的《人性的弱点》《人性的优点》等著作。这些书籍，他阅读了一遍又一遍，增添了管理智慧。学习是吸收“养料”、增长经验的最有效途径。人一旦不读书，心就容易浮躁，难以有更大的进步。

林文明知道，个人理论修养是提升执行力的重要组成部分。他一方面专注于提升自身的执行力，另一方面注意提升团队成员的执行力。林文明有哪些提升团队执行力的锦囊妙计呢?

第一，培养团队成员宽容、理解他人的品质；第二，让团队成员坚定目标；第三，提高团队成员的自身理论修养；第四，让团队成员具备团队意识。

随着S中学的发展，林文明巩固了自己作为学校领军人物的地位。处于这个位置上的人要承担的责任很大，压力也很大。林文明将学校团队拧成了一股绳，将一种执行力文化深深根植于学校师生身上，这意味着，林文明的成功之路将越走越远。

在管理上，林文明有一套独特的管理方法，他关注团队成员的需求，宽容对待身边的工作伙伴，给予他们发展的空间。他集众人之力来推动学校的发展壮大。

有人说，优秀的团队像军队、如家庭、似学校，三者一个也不能少。像军队，提升执行力是关键；如家庭，提高和谐力是根本；似学校，提高学习力是基础。三者合一，才能共同推动学校又好又快发展。

没有完美的个人，只有完美的团队。正是靠着打造出的优秀团队，林文明发展学校的各种决策才得以落实，学校的各项改革也得以顺利推进。

第九章

注重执行力的核心要素

孔子曰：“陈力就列，不能者止。”就是说，任其职就要尽其责，否则，就不要占据这个职位。可是有的人身居要职，被委以重任，却摆出甩手掌柜的姿态，执行不力，最终导致整个团队的发展停滞，也失去了上级和同事的信任。一个优秀的领导者，要在职位上展现自己的才智，贡献自己的才能，说到底，就是要有执行力。

每个人都希望“陈力就列”，做一个有价值的人。

爱因斯坦曾说，衡量一个人的价值，应看他为他人、为社会贡献了什么，而不应当看他取得了什么。人只有献身于社会，才能找到短暂而充满各种风险的生命的意义。每个人都想活得有价值，尤其岁数越大就越想找到属于自己的生命价值。事业就像人生这个天平上的砝码，无论我们做了什么事情，无论是大事还是小事，实际上都是在用这种砝码称量着自己的生命价值。

林文明努力地在事业中证明自己的价值。在外出学习几个月后，他终于带着满满的收获回到了自己最熟悉的地方。这天一早，他在晨光中踏进校门，在校门口迎接学生的到来。大家高兴地向久未谋面的林文明问好。林文明看到晨光中学生稚嫩的笑脸，感受到了他们对生活的热爱。孩子们的面容欢快而温暖，让人感动，这一刻，他感觉自己是成功的。

那么，我们该如何衡量一个校长是否成功呢？可从其执行力上衡量。

随着教育改革的不断深入，校与校之间的竞争也越来越激烈。一个学校要想从竞争中取胜，学校教职工是否有高效的执行力就显得尤为重要。对学校而言，执行力是关系到其生存与发展的大问题，是实现发展的重要途径和手段，是一个学校核心竞争力的体现。领导者如果拥有高效的执行力，就能领导大家全力以赴完成各种工作，工作起来就会既有速度，又有质量。领导者没有高效的执行力，那么他的决策再科学、措施再高明，也难以取得成效。林文明是一校之长，是学校发展的舵手，舵手的执行力与学校的发展息息相关。

林文明到外地参加培训时间长达几个月，这就意味着学校半学期的工作他都无法主持。每周一的升旗仪式没有他的声音，每天早上学校门口没有他对大家的热情迎接，每天课间操没有他矫健的身影……平时，大家都习惯了走进校门第一眼就看到面带微笑的林文明，但是这学期一开学就连续几周没有看到他，心中不免有些失落。所以，林文明回来让大家很开心。林文明回到学校后顾不上休息，就立即投入到学校大小事务的处理中。

林文明曾经说过："工作是不可以等的，越等越多。"意思就是说，如果我们不想做事情，希望能推一日就推一日，最后事情积攒得多了，就会变成压力。通过这句话我们可以看出，林文明虽然事务很多，但是依然时刻牢记执行力的"核心要素"，即积极投身工作，保持良好心态。

只要不出差，不管多忙，林文明每早都站在校门口迎接大家；有空的时候就在校园巡看，找学生和教师了解情况。这就是林文明的校长之道，也是值得我们尊敬的地方。

林文明出差一回来就一心扑在工作上，其实也是值得称道的。组织行为学研究发现，一个人的执行力和他的职业道德水平戚戚相关，代表了一个人对自己职业的使命感和态度。一个管理者执行力强，深深懂得执行力的"核心要素"，就是一个成功的管理者。

林文明知道，执行力在实现学校的战略目标中起着十分重要的作用，一个掌握执行力"核心要素"的校长，对一所学校的发展来说起着决定性作用。这一点在企业管理中的很多例子中都有所体现。

联想能从默默无闻到名声显赫，并非偶然，其成功主要取决于两大基本因素：一是联想的领路人柳传志的战略意识；二是联想员工强大的执行能力。

联想强大的执行能力主要通过其制度的强硬程度来实现，这种强硬的制度可以克服人性的弱点，使执行的任务落到实处。

以开会迟到为例，联想规定：开会不准迟到，如果迟到的时间大于等于5分钟，与会者就不用参加会议了；如果小于5分钟，那么迟几分钟就在门外站几分钟然后再进来开会。有一天，柳传志迟到了，他迟到的时间大概是3、4分钟，于是，柳传志按照规定站在门口，直到站够了规定的时间才走进会议室。试想，连公司的老总都执行规定了，其他的员工又怎么能不执行呢？

有专家认为，制度的实行都是在一点一滴的具体执行过程中坚持下来的，如果只规定制度而不执行，那么这个制度就没有实质意义。所以，一个组织要想拥有强大的竞争力，就必须拥有强大的执行力。

因此我们认为，一个校长只有理解了执行力的“核心要素”，才可能懂得如何拥有强大的执行力，才会让全体师生尊重、认可并严格执行学校的各种制度，且形成自觉的行动意识。当然，校长一定要懂得营造出好的执行氛围，让大家通过切身感受，对工作产生自豪感和使命感，对学校形成认同感和归属感，最终将自己的思想、情感、行为与学校的发展联系在一起。

执行力是构成竞争力的重要因素，是学校具有竞争优势的必要条件，可以说，没有执行力就没有竞争力。林文明做事的特点就是一旦决定，就会付诸行动，而且能带动身边的人积极行动，这是我们一般人做不到的。

一个人若要成功，首先要理解执行力的深层含意，然后才能拥有执行力，否则就会不得要领，甚至反其道而行之。

举个例子，一支铅笔最容易折断的是哪一部分？被削去皮的笔尖。当一支笔没有被开始用的时候，它看起来很完整，也不会轻易被折断。可它一旦被人拿了起来开始发挥它的作用，如用来画画、写字，这时它发挥的作用越大，它的“身体”就变得越来越短，直到彻底消失。但是它实现了自己的价值，成为一支有用的笔。

这为我们揭示了一个道理：一个人，要想发挥他最大的价值，就要把自己能做贡献的地方展现出来。

要想隐藏你的才华、能力、价值非常容易，但是要发挥自己的作用就需要做出努力。一个普通人尚且如此，作为校长更不用说。一个校长，一个爱岗敬业的校长，要把对执行力的理解融进自己职业生涯的每一项工作中。林文明在自己的职业道路上一直牢记执行力的要义，力求事事做到最好，这些精神都是值得我们学习的。

林文明一结束培训就匆匆赶回校，可不是为了感受大家的欢迎，而是要完成一项重大任务。

林文明要完成什么重大任务呢？这个任务就是申报省首批体育艺术综合改革试点学校。创建体育艺术综合改革试点学校是教育改革的一种尝试，主要目的是以试点学校为载体，把教育改革和发展有机结合起来，把解决实际问题与攻克政策性难题结合起来，实现教育改革的重点突破与整体创新，探索完善教育体制，为其他地区的教育综合改革做示范。这件事情对于每一位想尝试在改革新途径的校长来说都是很大的挑战。林文明认为可以用提高执行力的四大“核心要素”来应对该挑战。

第一，高标准、严要求是实现高效执行力的重大影响因素。如果一个人对自己没有严格的要求，当他进入社会工作的时候，也会在工作上表现出松懈、拖沓的一面，到头来什么事都做不成。

第二，全力以赴、志在必得，实现高效的执行。学校改革工作要取得成功，除了要有高标准、严要求外，还要求全体成员抱有全力以赴、志在必得的态度。爱迪生说：“我不以为我是天才，只是竭尽全力去做而已。”做事不尽自己的全部力量而敷衍了事是很容易留有遗憾的。

第三，确定角色的责任是提高团队执行力的重要因素。一个团队只有明确每一位成员的角色，合理为其安排工作，并且充分发挥每个人的不同作用，才有利于事情的顺利完成。

第四，流畅的工作程序更是事情顺利进行的有力保障。如果没有流畅的程序，整个工作就像会齿轮缺少了润滑油一样无法正常运转。

核心要素一　高标准，严要求

我们举两件事例说明林文明的行事风格。

第一件是“大型广告牌事件”。S中学校门口有两个面对马路的大型广告牌，这些广告牌上贴的是商业广告，对学校的整体面貌有很大影响。有一次，上级领导考察S中学时也发现这些广告牌与学校的风格不搭调，希望林文明想办法改变一下。学校领导班子成员纷纷对此出谋划策，希望把这些商业广告牌的负面影响降至最低。有人提议把广告牌弄成两面，一面是商业广告内容，一面是校园文化建设内容。但是经过讨论之后，这一建议被否决了。有人建议干脆把广告牌撤掉，同样遭到相关部门和一些学校领导的否决。

后来，林文明提出一个解决方案——在广告牌旁做一些“励志牌”：一是用“励志牌”转移大家的注意力，把大家的目光集中到励志内容上，这样就降低了商业广告牌的影响；二是希望通过“励志牌”，给学生带来更多鼓励。这个建议得到大家的认同。至于具体以怎么样的标准、怎么样的要求来做“励志牌”，林文明请大家多多提出建议。

林文明提出的设“励志牌”的方法，是可行的。有一个教师提出了意见，他说，设“励志牌”本是好事，但是在执行过程中如果负责人不自觉，监督也不到位，就会使事情的结果存在种种不足。林文明认为他说得很有道理，就请他把具体方案写出来。后来大家一看，认为他很有能力，所提的意见也很有道理，也都对他写的方案感到满意。林文明从中明白一个道理，如果缺少明确的目标和严格的要求，是难以圆满完成任务的。在对这件事的处理过程中，他工作的经验又增加了一些，这为他以后更好地完成管理工作产生了深远的影响。

第二件事情是厕所卫生整改事件。S中学的卫生素来让人不敢恭维，特别是厕所卫生，更是差到极点。厕所是校园文明的一扇窗口，彻底改变厕所存在的脏、乱、差、臭现象，是提升学校形象的必然要求，是学校卫生工作的重要内容。林文明认为，不能让厕所卫生再这样继续差下去了，必须加以整改。

林文明召开会议讨论怎么样处理这些事情，他说：“卫生不是小事，直接关系到我们的健康和校貌。如果任由其恶性发展下去，我们学校何谈发展？如何向社会、家长和学生交代?”为了顺利整改厕所卫生，林文明多次把全体教职工集中起来开会，强调卫生死角不能“死”，要求大家从内心认识到搞好卫生的重要性。林文明亲自主持制订了卫生奖惩规定，希望通过这些规定改善学校的卫生状况，营造良好的生活环境。林文明带头严格执行规章制度，和大家一起带着必胜的信心去实现目标——建立文明校园。不久之后，学校再难找到卫生死角，大家舒心地生活在一个环境优美、清洁的地方。

通过这两件事情，我们可以看出，林文明是一个有着高标准、严要求的管理者。何谓高标准、严要求？就是指任何值得做的事情都要做好，任何值得做好的事情都要做得尽善尽美。

高标准，其实就是一种目标设置。高标准可以影响事情的结果，所以不管做什么事情，都得设立标准，否则就不能成事。

严要求，是一种对自我行为的约束。所谓严要求，就是这样的一种心态——用严的标准把好质量关，用严的要求把好责任关，用严的制度把好长效关。高标准和严要求是相辅相成的，彼此互为助力，缺一不可。

实践证明，标准和要求不高，往往看不到问题症结所在；坚持高标准、严要求，才能发现已出现的问题，或者发现一些重大隐患。

林文明在“高标准、严要求”这两个方面做得特别到位。举一个简单的事例：林文明到S中学担任校长不久，就接到区教育局关于教育教职工排舞比赛的通知，这让他有些不知所措。初到一个全新的工作环境，就像一棵树被移植到陌生的地方，而舞蹈比赛这个任务就像一大桶水浇向这一棵树，如果吸收得快而且好，那么这棵树就会在新的地方长势良好，否则就会被淹死。很多人在新环境中接到重大任务，都会感到紧张，因为不熟悉环境，对将要合作的同事也缺少磨合时间。但林文明只是在接到通知的最初时间里感到些许紧张，但他马上就让自己冷静了下来。他认为，即使是突然接到的任务，也要耐心地为其设立一个高的目标，严格要求包括自己在内的教职工一起完成这个任务。于是他把校团委书记找来，让他具体负责这件事情，并要求完成这个任务时，既要注重过程，也要注重结果。注重过程，就是用严格的要求把好责任关，激发大家的热情，使大家能更好地投入这项工作；注重结果，就是用严的标准把好质量关，希望通过这项工作能塑造出学校的良好形象，增强自豪感。校团委书记非常积极，很快就组织了舞蹈队，并建立起严格的考勤制度，让大家热火朝天地投入到排练中去。功夫不负有心人，经过大家一番努力，最终为学校获得了比赛的二等奖。

高标准、严要求是执行有力的前提，想要更好地执行任务，还要全力以赴、志在必得。林文明作为学校这艘大船的掌舵人，执行任务时除了有目标之外，还有“不遗余力”的斗志。发明家爱迪生说：“我不认为我是天才，我只是竭尽全力去做而已。”若无竭尽全力的心态，空有目标、要求，也是无法成就事业的。

核心要素二　全力以赴，志在必得

“全力以赴，志在必得”要求我们无论执行哪一项任务，都要有竭尽自己所能的决心，最大限度地把工作做到最好。如何全力以赴呢？凡事离不开人，人是执行任务的主体。人与事的关系主要可总结为以下三个方面。

第一，“规线”，就是解决人与事之间的问题。全力以赴做事之前要先明白，“什么人管什么事，什么事归什么人管”，把这些理清，然后形成一条线。比如，学校管理中有“教学线”“德育线”“后勤线”，学校各项工作基本上都是从这三条线生发出来的，领导要懂得任用适合在这条线上工作的人来负责各项工作。

第二，“规层”，也就是要分层管理，每一层次的关系是怎样的，要由谁去管理都要明确。比如，学校的问题处理就一定要采用严格的级别负责制，负责人在工作中不能越级，教职工不能越过年级长直接去找上级行政部门处理问题，而年级长有问题也只能直接找上级行政领导。如果每一级别的负责人职责明确，那么层级的管理、事情的执行就会非常流畅了。

第三，“规人”，也就是领导在安排任务的时候，用什么样的方法、什么样的工具，什么事情由谁来做，都要明确，如此一来大家执行任务时也就更加积极了。

“规线”“规层”“规人”，这三点是在执行任务之前一定要做好的准备。林文明处理在招生工作问题时就用到了这三点，而且做得很好。

首先，在招生工作这条“线”上他改变了以往的做法。往年的招生工作主要由教务处负责，相关负责人要到十几所学校做宣传，但教务处一般只有几个职工，做这项工作时常常会感到力不从心。在人员安排上，林文明这次改变了以往的方式，由校长统管，主管招生的副校长负责，教务处具体操作，这样一下来，人员力量足了，执行力也提高了。

其次，林文明更换了每项任务的负责人。以往的招生工作全由教务处负责，也就谈不上层次管理。对此，林文明在会议上说，以往招生工作全部由教务处负责，而教务处常常因为人手不够而执行起来很困难，这次他从其他部门增调人手，安排中层以上领导一起行动，让高层与中层领导搭配起来负责几所学校的招生工作。这样把招生工作人员组合起来，招生工作的执行效率也就提高了。

最后，校级领导及时监督指导。我们知道，现在社会在飞速发展，学校里的一些制度也须有所变化。同时，师生在变，家长在变，环境在变……在这个变化的世界里，以林文明为首的校领导班子成员在每一件事情上都需要全力以赴，这样才能提高执行力。林文明清醒地认识到了这一点，果断改变以往的做法，在以上三个方面采用新的方式，有效提高了招生工作的执行效率。

核心要素三　明确分工，避免错位

学校的学生安全问题一直是学校管理的一大问题。在林文明担任校长期间，学校曾发生了一件很小的事情，但是它在林文明执行力的提升中产生了很重要的影响。这件事在林文明就任S中学校长前就已经发生了：一个学生偷偷翻越学校的围墙出去，不慎掉下摔断了腿，得知消息的家长跑到学校索求赔偿，但事情一直没有得到很好的解决，一时间让学校遭受了很大的质疑。林文明在S中学任职后，迅速明确其中涉及的人员和涉及人员各自应负的责任，并很好地解决了这件久拖不决的问题。

林文明如果不明白角色的责任，管理起来势必让学校处于混乱状态。

我们知道，执行好一件事，在角色的安排上很重要，这里面可以运用到一个管理的技巧，叫“外善变通，内善实干”。

什么叫“外善变通”？就是在分配工作任务的时候，要注重这个人对外部事务的随机应变能力。如果他在参加外部事务活动时能够灵活运用一定的社交策略或技巧，顺利达到目的，那么他就适合承担这个任务，就有利于任务的执行。如果他对外部事务胆怯心惧，总想敷衍应付，能推掉就推掉，就不利于任务的执行，也就不适合这样的任务。

什么叫“内善实干”？主要看一个人是否具备工作能力以及工作态度是否积极。如果他能提出可行性实施方案，做事也干脆利索，对学校内部事务就能应付自如，可以担起管理内部事务的角色。如果他遇到问题就退缩，态度散漫，就说明管理内部事务的角色不适合由他来担当。

林文明深谙这个道理，知道如果工作任务安排不明确，那么在内外事务的处理上就会面临很多难题。就如学生摔伤这件事情，如果负责的人是惧怕麻烦的人，做事总想明哲保身，那么把问题交给他，肯定就很难得到解决。

角色错位，后果严重。在中国历史上，南唐后主李煜其实更适合做写诗填词的文人，而不是君王。不幸的是，他生在帝王之家，无可逃避地做了君王。李煜凭借君王所拥有的特权与自由，文才得以充分展现，但也因此荒废了政事，最终导致国破家亡。“一代词君无愧是，奈何生在帝王家”，在古代社会里，一些君王对政事不感兴趣，而是专注地做其他事情，由此招来不少讥讽。像李煜，当文人可谓才思俊逸，而一旦坐在朝堂里，面对政治事务就常常力不从心了。历史上还有很多这样的例子，比如，汉灵帝刘宏曾在后宫行商置业，宋徽宗赵佶醉心于吟诗作画。细细数来，这些君主在治理国家上，都算不得成功。

林文明显然从中获得启发，他认为，在执行任务过程中，不但要选择合适的角色，还要分清他们的责任，否则任命者将面临众人的猜疑，执行者则根本不能完成任务，那就麻烦了。

核心要素四　程序流畅，实现公平

我们认为，流程是一个或一系列有规律的行动，这些行动以确定的方式展开，完成一个或一系列的操作，就会产生特定的结果。处理事务的流程实际上是实现执行效率和产生成果的基础。处理事务时有流程很重要，特别是面临突发情况时。在执行任务的过程中，林文明会制订哪些操作流程呢？我们以他处理中层干部竞聘上岗事件为例来加以说明。

“中层竞岗”是社会竞争背景下学校为了发展而采用的一种人才管理方式，它所体现的是“能者上”的用人原则。通过竞争激励机制的实施，能充分调动大家的积极性和创造性。S中学这次的中层干部竞聘上岗，将把过去24位中层领导精简到12人，这就需要获得教育局的支持，以确定竞选流程，用这个流程来保证竞聘的公平、公正和公开。

经过一番周折，林文明和学校相关人员一起制订出了竞聘中层干部的流程。

第一个流程：宣传动员，公布竞选原则。

领导班子共同商议，在全校教职工大会上进行竞选动员，并公布了关于中层竞岗的原则。

其一，公开原则。结合学校实际情况，公开学校中层干部竞争上岗的职位与该职位所需人员数量：办公室主任1人，教导处副主任1人，总务处主任1人，德育处主任1人，体卫处主任1人，少先队辅导员1人，共6人。符合竞争上岗的基本条件和资格条件者均可参加竞聘。本次竞聘要求做到公开公正，以达到精简机构、规范职数的目的。

其二，平等原则。对所有竞聘者一视同仁，不分性别，不分职称，不分教龄大小。

其三，竞争原则。通过自我推荐、资格审查、竞聘答辩等竞争方式，由评审团确定成绩的优劣，保证“上者服众、下者心服”。

其四，全面原则。对参聘者的专业知识、综合能力、以往业绩、品德进行全面考核。

其五，择优原则。竞聘答辩分数占总成绩的20%，以往业绩占总成绩的30%，民主测评占总成绩的20%，组织评价占总成绩的30%。经过全面考核，认真比较，谨慎筛选，择优录取能力突出者。

其六，量才原则。即选聘时必须考虑有关人选的专长，量才录用。

有些已在中层领导岗位上工作多年的人觉得自己资历深厚，单凭这一点，林文明就应该给予优先考虑，于是向林文明暗示自己想留任。而林文明的回应是，首先肯定了这一部分人勇挑重担的热情，然后请他们回去研究一下竞岗要求，有针对性地选择一个适合自己的岗位参加竞争。当有的教师想凭借特殊关系走“捷径”的时候，林文明就拿出中层竞岗的要求，让对方明确自己的立场。这一个流程主要公布了竞聘要求，杜绝了很多想走“特殊通道”的人的不当想法，维持了公正的竞选秩序，使大家心服口服。

第二个流程：公开报名，自我推荐。

学校公布中层竞岗条件后，办公室主任请示林文明：“我们要不要根据这份文件，采用上级推荐的方法选人呢?”林文明说：“这次符合竞岗资格的教师比较多，并且大部分人的条件差不多，如果我们采用上级推荐的方法，再公平也是不公平，与我们的初衷相背。我们不应打击大家的信心，应创造条件让大家积极参与，我们就是想通过这种方式选择一些品德端正、专业能力强、执行力强的人来为学生服务，为学校服务。另外，我们要让那些企图走‘特殊通道’的人知道我们的立场。所以一切一定要按制度来做，按照讨论的意见采取自我推荐的方式，让大家‘八仙过海，各显神通’。”果然，一些打算凭借特殊关系参加竞岗的教师看到林文明的立场这么坚定，就打消了“借势”念头，认真准备起来。林文明的坚定立场让很多能力出众的教师拥有了更多的机会，也获得了教职工对这一竞岗方案的理解和支持。

第三个流程：资格审查，依治办事。

竞岗小组接下来的工作就是审查参加竞岗者的自荐材料。本来以为很快就可以确定好候选人名单，但是没想到报名者太多了，于是办公室主任建议先快速筛选一部分人，然后再进入下一流程，以便减少现阶段的工作量。但林文明不同意，说不能因为工作量大就不按照规定来做事。为说明问题，他给大家说了一个故事。

公元前434年，晋哀公死，晋幽公即位。韩、赵、魏瓜分晋国剩余土地，只把绛与曲沃两地留给晋幽公。从此，韩、赵、魏称为三晋。赵襄子因遵父之命取代了哥哥伯鲁的太子地位，于心不安，就立伯鲁之孙赵浣为继承人。但赵襄子死后，其弟桓子驱逐赵浣而自立为君。赵桓子一年后去世，赵氏之人杀了他的儿子，迎赵浣即位，是为赵献子。献子之子赵籍后来继位，即是赵烈侯。魏桓子之后由其孙魏斯继位，是为魏文侯；韩康子之后由其子武子继位，韩武子之后由其子韩虔继位，是为韩景侯。前403年，由周威烈王册命，与晋侯并列。公元前375年，韩、赵、魏三家瓜分晋侯剩余土地，晋国彻底灭亡。

林文明说，诸侯争霸，无论如何争，都要遵循周王室的家天下制度；但是家臣谋反自立为侯却破坏了分封制，于是开启了诸侯混战的战国时代。所以一旦破坏制度，就难以维持正常的秩序。做任何事都要有制度保障，懂制度，守制度，才能确保竞岗的公正性。

有一个管理学定律，叫作“酒与污水定律”。“酒与污水定律”是指把一匙酒倒进一桶污水，得到的是一桶污水；如果把一匙污水倒进一桶酒，得到的还是一桶污水。在任何组织里，几乎都会有几个难缠的人物，他们存在的目的似乎就是为了把事情搞糟。最糟糕的是，他们像果箱里的烂苹果，如果不及时清理，会迅速传染霉菌，把果箱里其他苹果也弄烂。烂苹果的可怕之处，在于它惊人的破坏力。一个正直能干的人进入一个混乱的部门可能会被同化，变得碌碌无为，而一个无德无才者也能很快将一个高效的部门变成一盘散沙。组织系统往往是脆弱的，需要建立在成员间相互理解、妥协和容忍的基础上，某一环节出了一点问题，其他部分就很容易被浸染、被同化。破坏者影响力大的另一个重要原因在于，破坏总比建设容易。一个能工巧匠花费很长时间精心制作的陶瓷器，一只花猫一秒钟就能毁坏它。如果一个组织里有这样的猫，即使拥有再多的能工巧匠，也不会有多少像样的工作成果。如果组织里有这样的猫，就应该马上把它清除掉。

在组织中，有的人会怀着坏心思谋取自己的利益，如果不把他们排除于组织的门外，一旦他们形成气候，就会使组织人心涣散。林文明正是明白这个道理，所以要果断地把品行不端的人挡于执行团队之外，以免影响团队执行力的发挥。

第四个流程：群众民主评议，组织考评。

这次中层竞岗活动中，某些人以为自己与上级有“特殊关系”，可以抢占先机，然而林文明对怀有这种心思的人持谨慎态度，劝他们趁早打消这种想法，好好按照竞岗原则做好准备，迎接竞岗小组的评选。

竞岗者进行演讲时，由行政领导、科组长、级组长以及教职工代表组成的评审团评分。这次之所以请教职工代表也参与评分，一是加强监督，二是尊重基层意见，力求使评选公开、公平、公正。有些人对此表示很不理解：“以前‘中层竞岗’评选人员全是由领导组成，大家很有经验，能清楚地知道哪个人适合哪个岗位。现在增加教职工代表评分，他们不怎么了解情况，会不会出现问题呢?”对此林文明给出了两种解释。

第一，想实现竞岗公开、公平、公正，需要来自基层职工的参与。他们的参与，是一种监督，可以保证整个活动透明进行。

第二，无论领导说什么，一般教师都不大相信，如果由教职工代表参与评议，他们就会相信。通过这些教师传达评选工作意图是很明智的做法，也省心省事。最关键的是，竞岗考评小组必须在大家的监督下工作，因为组织考评的时候，竞岗者都要进行公开演讲，竞岗考评小组成员当场亮分，实时接受大家监督。

林文明在这个流程里坚持公开、公平、公正原则，所有竞岗者的积极性很高，都认真准备竞岗答辩。

第五个流程：公示结果，职务任命。

竞岗答辩结束后，候选人名单很快就出来了，并在学校网站和布告栏公示。公示期间，任何人有不同意见都可以向学校或上级人事部门反映。发现有不宜任该职位者，经调查情况属实，则取消其任职资格。公示时间期满后，对群众无异议的任职人选，教育局按照规定程序对其进行任命。

这样一下来，整个竞岗工作流程进行得十分顺畅，大家也没有任何怨言，都心服口服地接受这次的评选结果。至此，中层竞岗工作顺利完成。

中层领导岗位人员确定后，林文明又做了如下工作。

第一，召开干部会议。和新上任的中层干部进行谈话，要求他们每个人都明确各自的角色责任，做好本职工作。

第二，进行岗位培训。成立培训小组，对新上任的中层干部进行为期一周的系统培训，要求他们尽快熟悉业务，更好地进入工作状态，提高执行力。

第三，让新干部撰写体会。新上任的干部在履行职务一学期后，撰写一份工作心得以及一份下学期工作计划，上交给学校。这在一定程度上促进了新上岗的干部努力提高自己的业务能力。

执行箴言：一个人在完成任务时，把这个任务分成若干阶段性任务，并且坚持分次完成这些阶段性任务。

所以有人评价林文明的做事风格时，常常会从如下几点总结。

第一是“正”，为人正直，在任何事情面前都坚持原则，不谋取私利。

第二是“精”，做事精明，绝不会界线不清，每件事都是分工很明确的。

第三是“效”，追求效率，不拖拉，不仅谋事深远，而且做事干脆。

第四是“爱”，重视民意，爱岗敬业。

评价林文明做事风格的词汇还有很多，简单归纳起来就是“高效”。林文明为什么行事高效？管理学上有个管理方法叫作“切片法”，意思是说一个人在完成任务时，把这个任务分成若干阶段性任务，并且坚持分次完成这些阶段性任务。林文明做事的特点就是目标明确，计划性强，流程清晰，尽管期间会出现许多问题，但他始终不改初衷。林文明正是因为具备了这些特质，执行时才会有力、高效。

“打江山容易，守江山难。”一项工作前期获得成功不易，巩固后期成果更难。北宋的苏轼在《荐诚禅院五百罗汉记》说：“论事易，作事难；作事易，成事难。”意思是说，论起事来，海阔天空，随便怎么说都无所谓。做起事来，则要脚踏实地，克服种种困难，要考虑得尽量周全完善，以最小的代价，去获取最大的成功。竞岗这件事一开始就面临很多困难，林文明却能脚踏实地把它们解决好，这归功于他采用了接受上级指导和群众监督的方法，较好地解决了做这件事时“前期紧张，后期松懈”的问题。

执行力的核心是贵在坚持，重在履行，具体而言，就是对待工作要高标准、严要求，做到全力以赴、志在必得，更要有明确的角色分工和流畅的程序。这些要素各自独立又互相依存，在提升执行力过程中，每一要素都不可或缺。执行力不仅是工作作风问题，更是能力问题、制度问题、组织问题。

执行箴言：执行力不仅是工作作风问题，更是能力问题、制度问题、组织问题。

江苏凤凰教育出版社
《行知工程》系列丛书目录

系列	序号	书　　名	主编	定价
校长领导力系列	1	《学校细节管理的执行力》	林文明　王林发	30.00
	2	《校长智慧统筹的领导力》	谢耀丰　蔡丽姗 王林发	30.00
	3	《学校持续发展的研究力》	林文智　宋佳敏 王林发	30.00
	4	《学校和谐融洽的协作力》	陈一平　郭雪莹 王林发	30.00
	5	《学校教育提升的引领力》	谢文东　关敏华 王林发	30.00
	6	《学校团队成长的学习力》	黄纪　蔡美静 王林发	30.00
	7	《学校高效管理的创新力》	张旭	30.00
	8	《学校成功管理的决策力》	邱黎明	30.00
	9	《高品质学校生长要素》	王益民	30.00
	10	《校长高效教学领导力提升策略》	徐世贵　郭文智	30.00
创新教学探索系列	11	《做童年面前最合适的人——我和孩子们的“童化语文”》	曹丽秋	30.00
	12	《品世界名画，学精彩作文 ——特级教师的“名画”作文教学法》	李日芳	36.00
	13	《玩出精彩作文——张化万活动作文教学经典策略》	张化万	35.00
	14	《〈红楼梦〉里的语文课》	李日芳	30.00
	15	《让学生把母语用精彩——“语用课堂”的探索与实践》	佘小红	30.00
	16	《“备”出课堂精彩——备学式教学的课堂实践与思考》	张旭兰	30.00
	17	《神奇的阅读教室——带学生踏上美妙的阅读之旅》	李祖文	30.00
	18	《打造有生命力的课堂 ——“两步八环节”教学模式探索与实践》	查联智	30.00
	19	《最能培养学生探究能力的课堂 ——小学科学与信息技术单元整体课程实施与评价》	李怀源	30.00
	20	《最能激发学生运动天赋的课堂 ——小学体育单元整体课程实施与评价》	李怀源	30.00
	21	《最能提升学生艺术素养的课堂 ——小学艺术单元整体课程实施与评价》	李怀源	30.00
	22	《“生命语文”探索——焕发语文生命力的思考与实践》	王自成	30.00

系列	序号	书　　名	主编	定价
创新教学探索系列	23	《粘连作文教学：让习作成为有个性的自我建构》	黄瑞夷	30.00
	24	《备学式教学——在体验中建构数学思维》	单广红　范雪梅	30.00
	25	《向着自主进发——自主教育的创新实施智慧》	朱亚红	30.00
	26	《写中学——让学习更有效的学科写作教学》	钟传祎	30.00
	27	《小学科学实验总动员——大科学课堂有效提升学生创新力》	江美华	30.00
	28	《小学语文单元整体课程实施与评价》	李怀源	30.00
	29	《小学英语单元整体课程实施与评价》	李怀源	30.00
	30	《小学数学单元整体课程实施与评价》	李怀源	30.00
	31	《让教学更能激发智慧——"思维碰撞"课堂的建构与实施》	程和方	30.00
新思维系列	32	《让后进生学习有后劲之36计》	严育洪	30.00
	33	《教育中的"不一定"——打破教育的19种思维惯式》	严育洪	30.00
教师修炼系列	34	《与学生一起成长——90后教师的心路反思》	王　晗	30.00
	35	《教育，爱与宽容——教师心灵礼仪修炼》	许力争	30.00
教育家核心思想系列	36	《叶圣陶论写作》	叶圣陶 著 李怀源 选编	30.00
	37	《叶圣陶谈阅读》	叶圣陶 著 李怀源 选编	30.00
	38	《多元智能理论的本土化应用》	刘治富	30.00
	39	《大教育家最具施教力的教学思想》	白刚勋	30.00
教育求索系列	40	《欣说教育那"一亩三分地" ——一位一线教师的教育微思考》	王庆欣	30.00
	41	《爱的守望——一位一线教师对教育的坚守》	林卫红	30.00
	42	《思政教学的人文力量》	戴晓华	30.00
	43	《师道新说——给教育者的30条箴言》	徐　卫	30.00
学生心理解码系列	44	《在人生的春天播种——十四岁，写给青春的一封信》	白宏宽	30.00
	45	《孩子问题行为一点通 ——只有好老师才知道的学生心理谜底》	严育洪	30.00
校本研修系列	46	《徜徉语文教研》	肖俊宇	35.00
	47	《校本研修资源的开发与利用》	陈朝林	30.00
	48	《校本研修与教师专业成长》	吴积军	30.00
	49	《卓越教师经典研修成长策略》	刘天宝等	30.00
	50	《特色校本课程开发范例解读》	刘永平　李秀伟 张雪梅	30.00
	51	《高效校本研修模型构建艺术》	刘素雁	30.00
	52	《走向实践的教研——中小学教育科研引领与应用》	江　敏	30.00

系列	序号	书　　名	主编	定价
名校系列	53	《让每个孩子都成志——清华附小主题阅读课程的实施探索》	窦桂梅	30.00
	54	《让每个孩子都成志——清华附小主题实践课程的实施探索》	窦桂梅	35.00
	55	《向着朝阳走去——清华附小合作办学实践探索》	窦桂梅	30.00
精彩课堂系列	56	《给孩子更好的数学课堂》	易增加	30.00
	57	《小学生阅读素养的提升策略》	邵巧治	35.00
	58	《从语文素养走向生命成长——小学语文读写课堂教学密码》	曾海玲	30.00
	59	《真实的品德课》	朱淑秀	30.00
	60	《英语课堂学习共同体——新型的师生交互学习场》	杨延从	30.00
	61	《指导自主学习——初中数学学与教的研究与实践》	刘其武	30.00
	62	《玩出精彩的课堂——小学低年级教与学方式转变研究》	陶红松	30.00
	63	《让生命之花自主绽放——语文个性化教学建构策略》	商德远	30.00
	64	《让学生亲历知识——主体参与下体验式学习的实施策略》	何世祥	30.00
教育思想者系列	65	《高效教学的道与术——陶继新教育讲演录》	陶继新	30.00
	66	《名校之道——陶继新对话名校长（1）》	陶继新	30.00
	67	《教育，一切从孩子出发》	黄　俭	30.00
教育管理力系列	68	《缔造唯美教育——延奎小学素质教育实施策略》	易增加	30.00
	69	《让普通学校崛起的20个细节——“生命为本”教育团队成长密码》	李其玉	30.00
	70	《“走”出教育的精彩：走动式学校管理文化构建》	罗　军	30.00
	71	《校长兵法：学校管理四十六计》	皮大鹏	30.00
班级文化系列	72	《活力班级的文化建设》	胡　珏	30.00
	73	《做幸福的班主任》	吕　丽	26.00
高效能教学系列	74	《高效能教师的10个好习惯（中学卷）》	张　瑾	30.00
	75	《让作文落地生根——提高写作实效的教学策略》	黄桂林	30.00
	76	《高效能作文教学5项修炼》	陈步华	30.00
	77	《高效能校长的10个好习惯》	张　勤	30.00
	78	《高效能教师的10个好习惯（小学卷）》	谢　英	30.00
	79	《高效能语文教学5项修炼》	王其华	30.00
新课程探索系列	80	《语文新课程的批判与重建》	葛桂斌	30.00

系列	序号	书名	主编	定价
美国名师教学译丛	81	《美国名师游戏教学本土化应用：幼儿园》	（美）玛西娅 L. 泰特 著 胡珍　瞿菁　编译	30.00
美国名师教学译丛	82	《美国名师游戏教学本土化应用：小学英语》	（美）玛西娅 L. 泰特 著 杨永华　张心影　编译	30.00
美国名师教学译丛	83	《美国名师游戏教学本土化应用：小学数学》	（美）玛西娅 L. 泰特 著 谢艳红　编译	30.00
美国名师教学译丛	84	《美国名师游戏教学本土化应用：小学科学》	（美）玛西娅 L. 泰特 著 刘丽萍　编译	30.00
美国名师教学译丛	85	《美国名师游戏教学本土化应用：小学社会》	（美）玛西娅 L. 泰特 著 姜梅芳　编译	30.00
美国名师教学译丛	86	《美国名师游戏教学本土化应用：小学音体美》	（美）玛西娅 L. 泰特 著 尹立志　编译	30.00
鲁派名师名校·教育探索者系列	87	《悦读立人——校园阅读文化体系构建策略》	杨世臣	30.00
鲁派名师名校·教育探索者系列	88	《教育智慧何处来——一位特级教师的思考手记》	付立金	30.00
鲁派名师名校·教育探索者系列	89	《和雅文化——校本课程的创新构建》	汤善香	30.00
鲁派名师名校·教育探索者系列	90	《让个性绽放精彩——学校课程体系整合与创生》	谢建伟　徐淑萍	30.00
鲁派名师名校·教育探索者系列	91	《让每个学生都幸福——最能润泽生命的学校文化建设》	谢建伟　张新喜	30.00
生态化校园系列	92	《文化管理——构建生态和谐校园的必由之路》	付全新	30.00
生态化校园系列	93	《点燃学习的激情——构建校园生态化学习型组织》	杨树岳	30.00
生态化校园系列	94	《课改突围——构建学校生态化教学体系》	杨树岳	30.00
教育新思考系列	95	《语文教育向何处去》	王　丛	26.00
教育新思考系列	96	《教育，就是做好普通的事》	孙志毅	27.00
教育新思考系列	97	《走出语文的偏见——让学生体悟文本的原义》	丛智芳	30.00
教育新思考系列	98	《让语文教学更高效——批注式阅读教学探索》	韩中凌	30.00
教育新思考系列	99	《读写互促——探寻学以致用的语文教学》	曹　龙	30.00
教育新思考系列	100	《跳出数学教数学——用文化融通数学教学》	马建秀	27.00
名师感悟系列	101	《让心灵伴着歌声成长——22 位音乐名师的教育智慧》	陈　璞	30.00
名师感悟系列	102	《超越自我的教师——32 位名师的成长感悟》	李卫东　李秀伟	35.00
名师感悟系列	103	《心灵的守护者——19 位名班主任的教育智慧》	王晓松　曲文弘	30.00
名师感悟系列	104	《名师感悟班主任有效工作艺术 90 例》	符礼科	30.00
名师感悟系列	105	《名师感悟有效教学 90 例》	林高明　徐玉烟	30.00
信息化教学系列	106	《巧用白板教语文——信息技术与语文教学操作指南》	蒋丽清	30.00
信息化教学系列	107	《跨越式实现高效课堂 ——信息技术与课程整合高效教学方案评析》	陈　玲　刘　禹	30.00

系列	序号	书　　名	主编	定价
教师必读系列	108	《教师必学的16堂修养课》	武宏伟	30.00
	109	《教师不可不知的教学心理效应》	叶勇军	30.00
	110	《班主任不可不知的管理效应》	奚一琴	30.00
	111	《教师不可不知的教育心理效应》	孙　媛	30.00
	112	《校长不可不知的管理效应》	谢申刚　张金豹	30.00
	113	《成为好教师的7项修炼》	王福强　李维华	30.00
	114	《如何让学生会学习》	龙　冰	30.00
	115	《如何让学生爱学习》	周震宇　许小燕	30.00
核心教学主张系列	116	《新生代语文名师核心教学主张》	许友兰	30.00
行思讲坛系列	117	《灵动而朴素地教语文——潘文彬的微格教育生活》	潘文彬	30.00
	118	《师爱无疆——润泽学生心灵的教育故事》	侯忠彦	30.00
	119	《怎样反思更有效 ——促进教师专业发展的反思策略》	诸贝贝	30.00
	120	《成为高度自觉的教育者——写给后课标时代的数学教师》	许卫兵	30.00
	121	《哲思数学课》	刘全祥	30.00
	122	《智慧数学课——黄爱华教学思维的实践策略》	黄爱华	30.00
	123	《童趣数学课》	徐　芳	30.00
	124	《把学生教聪明》	严育洪	30.00
	125	《教师最应该规避的教育误区》	杨坤道	30.00
	126	《用语文的方式教语文——潘文彬教学主张与实践智慧》	潘文彬	30.00
	127	《怎样让阅读教学更有效 ——提升教学能力的十种读诵模式》	汪秀梅	28.00
	128	《让生命在润泽中起舞 ——当代小学生最需要的主题班会》	吴联星　罗　琳 冯卫东	30.00
	129	《让生命欢快拔节 ——当代中学生最需要的主题班会》	冯卫东　吴联星	30.00
	130	《课堂因生成而精彩——高效教学的生成智慧》	张文质	30.00
	131	《回到每一个人的生命化教育 ——张文质二甲中学教育行动录》	张文质	30.00

系列	序号	书　　　名	主编	定价
中国教育变革之路丛书	132	《百年树人师何为——教师队伍建设困顿与出路》	将丽珠　李玉向	30.00
	133	《入园何时不再难——学前教育困惑与抉择》	曾晓东 范　昕　周　慧	30.00
	134	《三尺书桌何处寻——流动人口子女教育困难与破解》	范先佐	30.00
	135	《苦旅何以得纾解——高考改革困境与突破》	郑若玲	30.00
	136	《择校纠结何时了——择校问题困局与治理》	曾晓东　周文海 曾娅琴	30.00
创新教学思想系列	137	《“大问题”教学的形与神》	黄爱华　张文质	30.00
教育漫笔系列	138	《课堂，诗意地栖居》	吴书华	30.00
教学提升系列	139	《有思想地教阅读——让学生学会品读文字真意》	王学东	30.00
教育艺术提升系列	140	《藏在师生体态语言里的教学智慧》	张　宇　廖生波	30.00
教学全手册系列	141	《小学习作教学全手册》	郭家海	30.00
	142	《中学写作教学全手册》	郭家海	30.00
	143	《情境教学操作全手册》	冯卫东	35.00
	144	《合作教学操作全手册》	李春华	35.00
	145	《探究教学操作全手册》	周新桂	35.00
	146	《自主教学操作全手册》	诸葛彪	35.00
	147	《创新教学操作全手册》	王　玮	35.00
	148	《班主任工作全手册》	刘沛华	35.00
	149	《新教师工作全手册》	周震宇	35.00
	150	《学生心理健康教育全手册》	刘海莉　刘春杰	35.00
	151	《高效教学操作全手册》	马友平	35.00

系列	序号	书　　名	主编	定价
创新人才培养系列	152	《创新人才培养校园科普精品课程开发与指导——人大附中创新人才培养》	罗　滨	30.00
	153	《创新人才培养特色校本课程开发与创新人才培养——清华附中“国际安全下的科学技术”课程构建与实施》	王殿军　方　研　赵宏雁	30.00
	154	《创新人才培养：学校实验室建设与管理》	刘克文　杨发丽　杨　平	30.00
	155	《创新人才培养：数学探究活动开发与指导》	马云朋　韩继伟	30.00
	156	《创新人才培养：化学研究活动开发与指导》	王　磊	30.00
	157	《创新人才培养：物理探究活动开发与指导》	廖伯琴	30.00
	158	《创新人才培养：地理探究活动开发与指导》	张建珍　陈　澄	30.00
	159	《创新人才培养：生物探究活动开发与指导》	张迎春	30.00
	160	《创新人才培养：理念探索与思维突破》	王晶莹	30.00
新生代通派名师系列	161	《简约数学教学》	许卫兵	30.00
	162	《语文教学的本真——情意课堂展现母语之美》	吴建英	30.00
	163	《语文课堂的理想追求——欢快达成三维目标》	董一红	30.00
	164	《阅读教学的真髓——意象构建读出文学的真美》	祝　禧	30.00
	165	《美术教育的真谛——审美人生教育让生命绚丽成长》	陈铁梅	30.00
	166	《语文教学的理想境界——无痕教学润泽生命》	李　凤	30.00
	167	《儿童作文的本义——嬉乐作文让儿童乐并成长着》	王笑梅	30.00
	168	《名师是怎样炼成的》	王建明　王笑君	35.00
幼师成长系列	169	《幼儿行为背后——教师如何读懂幼儿的心思》	吴亚英	30.00
	170	《最具教育力的22种幼儿教育思想》	杨　达	30.00
	171	《幼儿教师必知的安全应急措施》	杨　达	30.00
	172	《幼儿教师必备的教育技能》	李　玲	30.00
	173	《卓越园长21条幼儿园管理策略》	周　丹　江东秋	30.00